從泥土中站起來

番薯王成為大學校長

陳振貴的實踐之路

陳振貴——著

出版心語

十多年前，全球數位出版蓄勢待發，美國從事數位出版的業者超過百家，亞洲數位出版的新勢力也正在起飛，諸如日本、中國大陸都方興未艾，而臺灣卻被視為數位出版的處女地，有極大的開發拓展空間。植基於此，本組自二〇〇四年九月起，即醞釀規劃以數位出版模式，協助本校專任教師致力於學術出版，以激勵本校研究風氣，提升教學品質及學術水準。

在規劃初期，調查得知秀威資訊科技股份有限公司是採行數位印刷模式並做數位少量隨需出版（POD=Print On Demand）（含編印銷售發行）的科技公司，亦為中華民國政府出版品正式授權的POD數位處理中心，尤其該公司可提供「免費學術出版」形式，相當符合本組推展數位出版的立意。隨即與秀威公司密集接洽，雙方就數位出版服務要點、數位出版申請作業流程、出版發行合約書以及出版合作備忘錄等相關事宜逐一審慎研擬，歷時九個月，至二〇〇五年六月始告順利簽核公布。

執行迄今，承蒙本校謝孟雄董事長、歷／現任校長、教務長、圖資長、法律顧問以及秀威公司宋政坤總經理等多位長官給予本組全力的支持與指導，本校諸多教師亦身體力行，主動提供學術專著委由本組協助數位出版，數量逾八十本，在此一併致上最誠摯的謝意。諸般溫馨滿溢，將是挹注本組持續推展數位出版的最大動力。

本出版團隊由錢中媛組長、王雯珊組員以及秀威公司出版部編輯群為組合，以極其有限的人力，充分發揮高效能的團隊精神，合作無間，各司統籌策劃、協商研擬、視覺設計等職掌，在精益求精的前提下，至望弘揚本校實踐大學的辦學精神，具體落實出版機能。

實踐大學圖書暨資訊處採編暨出版組　謹識

二〇二一年一月

自序

我出生於彰化縣埤頭鄉崙子村，自小受洗為天主教徒，在合興國小曾擔任六年班長，畢業後順利考上臺中市私立衛道中學及臺中一中，高中畢業後考上成大外文系，然後進入淡江文理學院歐研所美國組進修，取得碩士學位後，即在淡江服務並在實踐家專及中國文化學院兼任英文講師兩年，接著再到美國麻省史密斯學院進修，一九七八年七月十五日返臺獲得實踐家專謝孟雄校長聘任為祕書科副教授，正式開啟自己在大專校院近半世紀的教職生涯，回顧個人的生涯歷程，可說是實地投入並見證臺灣一頁高等教育的發展史。

一九八一年七月，我奉派到美國加州巴沙迪納社區學院（Pasadena City College）擔任交換教授，並至諾瓦大學（Nova University）進修教育學博士學位。期間於一九八五年二月至一九八七年七月奉召回國擔任實踐家專教務主任，一九八七年八月至一九九三年六月又到美國洛杉磯蒙特利公園市創立鳴遠中文學校擔任校長六年，並至諾斯洛普大學（Northrop University）企研所兼任教授，實際累積美國高等教育與教學經驗。

一九九三年七月學成返回實踐，先後擔任教務長、研發長等職務，並奉派至高雄校區擔任副校長；一九九九年七月參加靜宜大學校長遴選，膺選為該校第七任校長；接著於二〇〇二年八月至二〇一一年七月獲聘擔任嶺東科技大學校長；二〇一一年八月受聘為實踐大學校長，屆滿三任九年，於二〇二〇年七月退休，合計投入高教群倫的歲月長達四十二年，其中剛好有一半時間，分別出任三所大學的校長職務，累積了相當豐富「大學治理」的實務經驗與辦學心得，將依序於本書各篇中詳加敘述，以就教於各方家與學界領袖們。

四十餘年來，我曾舉家三進四出美國，前後在美國進修研究及工作長達十二年，一路走來也四度進出實踐大學，與該校數以萬計師生，結下終身難忘的情分，回首昔日來時路，一切彷如昨日。實踐大學從謝東閔創辦人時代即奠下「高瞻遠矚」的辦學理念，而「大學治理」的關鍵性機制，除了大學校長的角色扮演外，最重要還必須要一個「大公無私」董事會決策與授權的機制，方能克盡全功。

在自己職場甫退休之際，將自己所曾走過的路與從事高等教育的故事，書寫整理成冊，一則嘉許自己終身辛勤耕耘教育工作職場的辛勞，二則可以提供給有志青年學子參考學習，其中因在臺灣與美國高等教育職場服務的年資最久，付出的心力與經驗心得也較為多元豐富，因此特別取書名為《從泥土中站起來 番薯王成為大學校長——陳振貴的實踐之路》，以饗關心高等教育發展的讀者及自勉，特為自序。

總之，我服務國內外高等教育工作職場，前後長達近半個世紀，始終保持樂觀進取與全力以赴的人生觀。因此無論是在大學校長的職位，或是其他社會服務的工作崗位上，都會秉持天主教信仰，用良心做事，以誠信待人，踏穩立足點，並以身作則帶領部屬，邁向理想目標。尤其是面對當前少子化浪潮與所處的內外在競爭激烈的時刻，唯有洞悉「大學治理」的核心問題癥結，同時能夠敏捷提出有效的解決方案，才足以應付當前公私立大學經營之困局。

本書能順利付梓，首先要感謝秀威資訊科技股份有限公司慨允出書，尤其是姚芳慈小姐協助編輯與完稿。其次要感謝張火木老師幫忙撰寫初稿，陳超明講座教授協助修飾，實踐大學圖書暨資訊處採編暨出版組王雯珊小姐協助整理及校對文稿。

陳振貴

目次

出版心語 003
自序 005

第一篇 善牧之家 勤耕進取——我是番薯王

1 彰化埤頭是故鄉 020
2 埤頭地名的由來 021
3 合興國小是母校 022
4 衛道中學的學風 024
5 衛道師長的教誨 025
6 幼承庭訓寧吃苦 027

7 父母親的身言教 028
8 夫妻間相處之道 029
9 兄弟情相互扶持 030

第二篇
高中苦讀　奠定品行——「聖人」是我所追隨與崇拜的

1 高中三年勤學上進 034
2 學校師長班上同學 035
3 創校先賢聞名全國 037
4 百年校慶與有榮焉 039

第三篇
考上成大　教學相長——書山有路勤為徑，學海無涯苦作舟

1 成大外文系的沿革 044
2 師長教導終身獲益 046

3 暑期兼任中文講師 050
4 榮獲非洲先生召見 050
5 榮獲母校頒成就獎 052
6 作育英才終身職志 054

第四篇
美國進修　專攻教育——期許我能作為一顆火花，點燃後輩學習熱情

1 五虎崗傳奇的啟發 058
2 榮獲淡江菁英表揚 060
3 傳承母校教育志業 061
4 留學美國專攻教育 063
5 擔任英語教學工作 065
6 撰述教育行政專書 066
7 進修學位兼職歷練 069

8 赴美擔任交換教授 070
9 創辦僑校出任校長 072
10 苦學有成榮獲博士 073

第五篇
結緣實踐 終身情分——注重功能性發展，塑造實踐新形象新風貌

1 應聘家專開展職涯 076
2 受知於林澄枝校長 079
3 親炙創辦人的教誨 083
4 任副校長派駐高雄 088
5 校區整體規劃特色 090
6 高雄校務初創有成 092
7 南北分工相輔相成 094
8 謝孟雄回任校長職 096

9 離開實踐十二年頭 099
10 我在實踐服務履歷 100

第六篇
執掌靜宜　初任校長——處於靜宜關鍵轉型時刻

1 靜宜創校沿革 106
2 靜宜歷任校長 108
3 首任校長歷練 110
4 撰述校慶祝辭 112
5 闡揚辦學理念 117

第七篇
鷹揚嶺東　改名科大——嶺東脫胎換骨，氣勢高漲；成為技專領袖

1 接掌嶺東校長 120
2 受知於黎董座 121

3 重視四化教育 125
4 發起三方論壇 127
5 成為技專領袖 128
6 關鍵性的九年 130
7 捐贈錢幣收藏 132
8 校務合作無間 133
9 辦學成效斐然 136
10 回顧嶺東鷹揚 137

第八篇 飛躍實踐 績效璀璨——實踐躍升，成為國際名校

1 爭取教卓經費 146
2 重視校務研究 147
3 強化組織效能 149

4 推動共識營隊 150
5 營造治校共識 154
6 競爭優劣分析 157
7 加入優久聯盟 158
8 主張五搭元素 160
9 強調國際接軌 163
10 推展兩岸實習 166
11 貫徹六實策略 167
12 拉近師生距離 169
13 任內大事紀要 170
14 回顧創校願景 178
15 謝孟雄董事長 181
16 發展大學特色 185

第九篇 診斷高教 領袖群倫——高教危機，如何永續經營？

1 少子化浪潮的衝擊 188
2 危機考驗全國私校 190
3 私校經營要靠本事 193
4 大學競爭日漸激烈 196
5 策略性的深耕計畫 198
6 競爭型引發大競賽 201
7 強調高教的公共性 203
8 高中學習應正常化 205
9 私校進行自我課責 206
10 如何因應高教危機？ 209
11 私校如何打國際盃？ 212
12 該如何因應新南向？ 214

13 資源又該如何分配？ 216
14 關心高教終身志業 220
15 歷任校長克盡職守 222
16 深耕媒體代言高教 224
17 奉獻高教無怨無悔 227

第十篇 教育志工 終身志業——重視品格，永遠的教育人

1 投入社區服務活動 232
2 選任青芯志工首長 233
3 推廣正當休閒活動 234
4 積極參加愛心服務 236
5 宗教情操信守終身 238
6 參與品盟推展德育 241

7 奉獻教育重視品格 242
8 殫精竭慮貢獻智慧 245
9 教育志工終身服務 248
附錄 251

第一篇

善牧之家　勤耕進取

——我是番薯王

1 彰化埤頭是故鄉

我出生於彰化縣埤頭鄉崙子村，該村坐落於稻田中央，白天大人們都去田裡工作，小孩則紛紛去上學，到了晚上天黑全村靜悄悄，大家早睡早起，是典型鄉村生活形態，後來有了收音機，大家會聽流行歌曲或是看歌仔戲。我讀合興國小六年間都是赤腳上學，須到逢年過節時，才有機會穿新衣和新的球鞋。

我從小長得渾圓肥胖，鄉下人常以番薯作為副食或主食，因此把我取個乳名叫「番薯王」，到小學四年級以後，同學都直接叫我的綽號「王」，直到升初中為止，這是一段赤腳上學的成長趣事，也是親近鄉村泥土的童年記憶。

我自出生即長有兩顆痣，一個在左手掌掌心，生命線與事業線間靠近事業線邊，黑痣十分明顯，直到高中時才逐漸模糊，到大學時才消失不見，當時手相老師幫我看痣，說「它代表你終身不愁吃穿，而且會『掌權』當主管」；另一顆長在左嘴角下方，屬於「吃」痣，因此很巧合，我一輩子沒有找過工作，都是工作在等著我，一個接一個，直到退休還有全薪的工作，真的是，有吃的福氣，退而不休。

2 埤頭地名的由來

埤頭鄉地處濁水溪沖積扇，地勢較為平坦，產業以農業為主，境內設有私立明道大學。據史料記載清代早期遍地荒野，而原住民巴布薩平埔族人部落曾居住本鄉如番仔埔等地，後因閩、客兩地移民，逐漸來臺落腳墾荒而漸有聚落形成。

鄉名由來係因埤頭鄉位在濁水溪沖積扇上，舊濁水溪流經本鄉與北斗、田尾鄉鄉界，因位在沖積扇上之本鄉農田灌溉不易，故以前在今埤頭村、和豐村、興農村、田尾鄉交界處開闢一個大埤，以供農田灌溉，而本鄉在這大埤之頭，故稱為埤頭。

我家位於埤頭鄉崙子村崙子路五十七號，全村六十多戶，全是有庭院的透天厝民宅，大多是四合院。我家住在村尾，村子前後各有一條牛車道，農作物收成收割季節用牛車作運輸工具，現在已鋪上柏油路，可以開私家轎車。村子四周被稻田包圍，空氣新鮮，不但有鳥鳴，晚上還有青蛙叫聲及螢火蟲。

家裡本來務農，在讀國一前父親賣地，只剩下兩分地，於是他轉任天主教神父的傳道員；而農地改種地瓜，直到國二時賣掉家產給姑姑，舉家遷居彰化，到一九七〇年又再遷居臺中市水湳迄今。

父親有五位姊姊，從小接受祖父母及姊姊的疼愛，他個性溫和，為人敦厚善良，從小篤信天主教，家裡充滿信仰氛圍，天主教徒每星期日要去聖堂望彌撒，首先必須先懺悔自己心靈的罪，因此成為虔誠天主教徒，比一般人道德標準要求更高，用良心做人處世，父親的言行也是我為人處世的準則。

3 合興國小是母校

彰化縣合興國民小學創立於一九一七年四月一日，校址坐落於彰化縣埤頭鄉合興村（小埔心），一九二〇年四月獨立為小埔心公學校，一九二〇年十月改稱為埤頭公學校，一九四一年四月又改稱為埤頭國民學校，一九四六年臺灣光復後，同年二月改稱為合興國民學校，一九六八年八月實施九年國民義務教育後，改稱為合興國民小學。

我出生於彰化縣埤頭鄉崙子村的農家子弟，自幼生活艱困。對我而言，讀書是一種奢侈。由於家境貧困，加上兄弟姊妹九人，在日出而作，日入而息的農村環境中，必須學習如何吃苦，幫忙操持農務。

一九五四年六月進入合興國小就讀，每天例行的工作，就是傍晚將母親養的幾十隻雞趕在一起，關在兩頭堵起來的走廊裡；第二天清晨，再把牠們放出去活動，然後將地上的雞糞打掃乾淨後，才去上學讀書。也經常得幫忙父母「割豬菜」，好養肥家中飼養的豬仔，因為成長環境關係，從小即養成自律勤快的習慣。合興國小地處偏僻，師生純樸，以勤教嚴管出名，每年的升學率還算不錯。

由崙子村步行到合興國小約要花五十分鐘，從國小四年級開始父親花了二百五十元買一輛腳踏車供我騎著上下學，節省大半時間。國小一至三年級，鄉下人都早睡早起，經常須提著書包，跑田埂捷徑到學校。

四年級以後因為有腳踏車代步，每天早上衝到田子久導師的家，從他窗前拿取教室鑰匙，並到教室開門，而第一節課導師一到班上時就會宣布當天由誰來拿鑰匙，每當老師公布姓名時都讓我倍感榮耀。

田老師是安徽省靈璧縣人，一九四九年隨國軍到臺灣，由軍職轉任國小老師，他身材魁梧，說話帶有安徽腔，教學非常認真，每天早晨在操場晨跑，他的勤勞作為，成為學生最好的身教榜樣，本班從三年級開始四年間皆由田老師擔任班導師，從一年級我就被選為班長，因為成績及表現優異，共當了六年直到畢業。

由於田老師的鼓勵，舉凡學校的各種比賽，從演講、書法、美術、躲避球、田徑以及接力賽，我都有參加，並且取得優異成績，可以說是十項全能。畢業十多年後，仍是田老師隨時向學弟妹提到的優異學生。

一九六〇年六月從彰化縣合興國小畢業，順利考上員林中學和衛道中學，在父親的指導下，選擇就讀衛道中學初中部。

4 衛道中學的學風

一九六〇年九月考進臺中市衛道中學初中部就讀。天主教衛道高級中學，簡稱衛道中學、衛道，是一所位於臺中市北屯區的天主教私立完全中學。該校前身為由周濟東神父與加拿大天主教三位聖衛道會會士創辦於一九三一年之四平曉東中學，一九四七年因國共內戰的關係全毀。一九五四年，周濟東神父應臺中教區監牧蔡文興主教邀請前往臺灣，並於隔年在臺中市北區賴厝里創立臺灣第一所專收男生之天主教中學，名為天主教衛道中學；當時，首任校長為初鳳桐神父，校方招收高中一班、國中兩班。一九五七年校地增至四公頃，高中三班、國中六班；一九六〇年校地增至七公頃半。後因政府重劃街區，徵收校地開闢進化北路，於一九八三年遷至北屯區四平路現址，舊址尚存有衛道路的路名。

早期只收男學生，目前已男女兼收。該校目前係由天主教耀漢小兄弟會主持校務，並以其嚴謹校風聞名。此外，該校因與曉明女中在創校上有淵源而往來密切，常並稱其二校「衛曉」。

5　衛道師長的教誨

一九六〇年衛道中學單獨招生，四千多名考生只錄取三班共一百五十名包括我在內，錄取分數與臺中一中初中部不相上下，當時已經是中部國小畢業生的首選學校之一。

從鄉下到臺中市就讀衛道中學，頓時覺得自己不管家境還是學業都有一點落後。當時衛道中學期中、期末考都會公布全年級前三名上紅榜（紅色木頭牆板），最後三名上黑榜，經過兩年多的努力，在國三時終於有一次以班排第三名擠上紅榜。

衛道中學的外籍神父修士來自加拿大，師資陣容堅強，十分重視英語教學，住在學校宿舍，每天晨讀都會背英文單字；早自習與晚自習皆由舍監修士監督，可以說是一所嚴管勤教的學校，違反校規者要記過及接受體罰，升學率很高；我國中三年幾乎都在用功讀書中度過，畢業就順利考上臺中一中高中部。

當時家住在彰化縣埤頭鄉崙子村，必須從崙子村騎腳踏車到小埔心，把車子寄放在父親朋友家，搭乘員林客運經溪湖到彰化，由彰化改搭公路局車到臺中車站，再由車站換市公車到大雅路空軍醫院站下車，最後步行十分鐘到學校，全程大概要花五個小時。

我大約每個月回家一次，順便向爸媽拿二百五十元住宿費和五十元零用錢，每學期學費約一千六百元，在當時算是十分昂貴的，約為父親月薪的三倍，有時候還得向在臺中市中聲電臺任職播音員的大哥要錢，在經濟上可以說是東借西湊，才得以順利讀完初中。一九六三年六月自臺中市私立衛道中學畢業。

6　幼承庭訓寧吃苦

我常自嘲是「掃雞糞的囝仔」，早在合興國小就讀期間，即因為這種吃苦耐勞的訓練，贏得師生的愛戴，先後擔任六年的班長，畢業時更以優異的成績考上中部知名的學府：衛道中學（國中）、臺中一中（高中）。

小時候因為住在埤頭鄉崙子村鄉下，父親收入微薄，家境清苦，鄉下孩子每天赤腳上學，課後和假日都要幫忙做家事或照顧弟弟妹妹，在農忙時，母親下田我常須用背巾背弟弟，一背數小時直到母親下工回家，卸下時我的手常會發抖；從小就懂得吃苦，在就讀國中時還以「吃得苦中苦，方為人上人」作為座右銘。可能是因父母篤信天主教的關係，所以家裡九個兄弟姊妹做人都謙沖為懷，嚴以律己寬以待人。

7 父母親的身言教

父親年輕時務農，後來就讀彰化縣羅厝村天主教傳道員的學校，畢業後擔任臺中教區美國瑪利諾會神父的助理，協助用閩南語傳教，曾經派駐過二林、竹塘、彰化天主堂直到退休。母親是個全職家庭主婦，主要照顧家裡九個小孩，又因家裡有兩分田，有時還得下田插秧、種番薯。她在家不僅養雞、養鴨，還養豬以貼補家用。

父母親受祖父的影響從小就受洗信奉天主教，成為全崙子村（厝仔）唯一一家非佛教家庭。除了每週日要去教堂望彌撒外，每天晚上飯後還會團聚祈禱恭唸玫瑰經，成為全家生活的一部分。

哥哥和我結婚的對象都是天主教徒，因為宗教信仰的關係，家人們不但恪守傳統倫理道德，更遵守天主教的聖事與教規，包括十誡、七宗罪與聖教四規，因此比一般人有多一層的道德規範，從小被教導不僅不可以違反法律「犯法」（Crime），更不可以違背心靈靈修的規範「犯罪」（Sin）。這是父母親給我們九個兄弟姊妹，除了良好教育外，一份最珍貴的禮物。

8　夫妻間相處之道

我與妻子是在一九七八年四月經姊夫介紹結婚，內人娘家在彰化縣田中鎮梅州里，全村都是天主教徒。

一九八一年奉派到美國擔任交換教授時生下兒子小楷，他在讀完實踐幼稚園後隨我去美國加州就讀小學，之後回臺灣讀中學，再到美國讀大學、研究所，畢業後順利在美國找到好工作，定居美國，也是個虔誠的天主教徒。

夫妻因緣分而結婚，正所謂：「百年修得同船渡，千年修得共枕眠。」夫妻間有越多的共同興趣越好，也因為兩人同樣是信仰天主教，生活上與價值觀都更加貼近。

談及相處之道，首先彼此要互相尊重，在尊重對方的興趣與愛好的同時，不去設法改變對方的「本性」，因為那不但不可能，也容易造成極大的分歧與衝突。

夫妻相處是一種藝術，平常生活中難免會有摩擦與發脾氣的時候，而這時就要視情況學當一個「傻子」、「聾子」；家庭是「愛」要多於「理」的地方，有些事要心平氣和地把道理講清楚，但大多時候寧可用愛、諒解與包容去化解它，更重要的是要會體貼對方，並用實際作為去表達對對方的愛。

夫妻在理家、教養小孩時要能互補，內外分工合作才能圓滿。有人說：「婚姻就像一桌酒席，愛是主食，寬容、理解、信任、尊重就是一道道菜，欣賞、幽默、趣味就像是酒和飲料。」在婚姻與夫妻相處之道每個人都要「終身學習」，我也不例外。

9 兄弟情相互扶持

我有哥哥和弟弟各一，姊姊和妹妹各三個，在家排行老五。大哥比我年長十歲，比最小的妹妹大二十二歲，他服完兵役後即到天主教臺中教區主教公署工作，擔任職員兼西餐廚師，接著任職臺中市中聲廣播電臺播音員兼業務經理。因為父親收入微薄，我部分的學費及弟弟的學費大多由他供應，大哥實是兄兼父職，是兄弟姊妹共同的「兄長」，他很照顧我們，而我們也很尊敬他。

弟弟猷龍從小功課名列前茅，在就讀國小二年級時全家遷居彰化市，於是他轉學到中山國小就讀，後來考上彰化中學，畢業後考上中興法商學院法律學系，以第一名畢業，又在考上律師執業十二年後，轉任教職到輔仁大學任教。他也是全家人的律師，舉凡大家有任何法律相關問題，特別是我擔任靜宜、嶺東科大校長後遇到重大法律問題都會向他請教。

二〇一〇年八月三日《大紀元》引述自《中央社》記者林思宇報導〈陳猷龍陳振貴臺灣科大校長兄弟檔〉，報導內容摘述如下：

南開科技大學校長陳猷龍在二〇一〇年八月一日上任，與嶺東科技大學校長陳振貴是親兄弟，科大校長兄弟檔相互扶持，陳振貴傳授相關行政經驗，陳猷龍則是陳振貴最信任的法律顧問。

陳振貴與陳猷龍都是一般大學體系出身，前後投身技職教育服務，且都選擇中部，兩人共同為技職教育努力，傳為杏壇佳話。

陳猷龍為中興大學法律系第一名畢業，法律研究所畢業後考取律師，是該年律師高考狀元；畢業後，進入財政部法規室任職，其後擔任執業律師十二年，並考取政治大學法律研究所博士班。

博士班畢業後，陳猷龍進入輔仁大學法律系任職，歷任系主任、所長、院長及學術副校長，也是教育部法律委員會委員，一九九七年前後，教育部接管多所私立技職校院，陳猷龍曾擔任多所學校董事，二〇一〇年八月一日出任南開科大新校長。陳振貴受訪表示，感謝大哥陳世篪兄兼父職，支持他到美國念書，也幫助陳猷龍在臺灣完成學位。

陳振貴說，他會毫不保留地和陳猷龍分享擔任校長的酸甜苦辣，例如如何開創新局、因應少子化挑戰等，實戰經驗互相交流；陳猷龍則是他最信任的法律顧問。陳猷龍則說，真的很難得，兄弟不約而同投入技職體系，兩人將密切合作，共同為高等教育努力。

猷龍胞弟於二〇一三年五月，因捲入新莊某工程仲裁案，曾遭檢調單位羈押禁見，成為國內首位被羈押的科大校長，後來幾經上訴，最後新北地院合議庭宣判無罪，還給他清白，此事給他個人一個很大教訓，我也始終相信弟弟的清白。

第二篇

高中苦讀　奠定品行

——「聖人」是我所追隨與崇拜的

1 高中三年勤學上進

我於一九六三年六月自臺中市衛道中學國中部畢業，衛道升學率極高，有「最強私中」之名，當時幾乎全班考上臺中一中、二中及其他省中，我也順利考進臺中一中。公立的臺中一中與臺中女中是臺灣中部最好的兩所高中，以升學績優聞名，讀書風氣鼎盛。能考上中一中的學生都是一時之選，每位都非常積極主動，在高一的代數幾何三角課讓學生們忙得不可開交之時，就已經有同學在預習高三的三民主義。

我自幼出身農家子弟，「勤奮」二字自小就深植心中，我以優異成績考上臺中一中，之後住在郊區宿舍，每天騎半個多小時腳踏車上下學，從未遲到或早退，三年皆全勤。

當時我是以一個鄉下孩子的身分考進都會地區首屈一指的學校，雖然備受地方父老豎起大拇指百般誇讚，但是昂貴的學雜費與來回五小時的車程，成為一件令人苦惱的事。這是成長過程很好的磨練，讓我因此學會適應環境，更在體諒父母辛勞與家境清寒的情況下，順利完成了國高中的學業。

高中以升學為目標，每位學生都很用功，有少數同學上補習班補習，老師也都很優秀而且認真教學，當時的校長是黃金鰲，在升降旗完他都會對同學講話，講些待人處世的道理，有些學生社團也經常舉辦各種比賽及活動，我就曾參加過國文注音比賽以及臺中市競走比賽等。

我高中二年級起選讀文組（乙組），當時臺中一中一個年級十五班，只有一班（三十三人）選讀乙組，因為國中就讀衛道中學就奠定了很好的英文基礎，又對歷史與哲學都很感興趣，這個選擇不但顧及性向也考量了興趣。至大學聯考時，我把各大學英文系排在志願首選，希望將來可以當英文老師或方便出國留學及旅遊，沒想到英語具有全球通用語的地位，對日後的工作與生涯幫助非常大。

2 學校師長班上同學

高一時每個年級有十五班，我被編在第九班，班長就是先後擔任臺大醫院麻醉科主任、新光醫院的黃副院長。

高二實施分組，我去了乙組，被排在第十四班，全班只有三十三人，其中一位就是吳敦義，他身高超過一百八十一公分，和另一位身高一百九十三公分的籃球國手李廣濟同為班上的兩位「長人」，吳敦義口才辯給且文筆一流，曾當過《中一中青年》的編輯，在校時即榮獲傑出青年，蒙蔣經國先生接見，是中一中的風雲人物。

吳敦義生於南投草屯，高中畢業後考上政治大學東方語文學系，之後轉學臺灣大學歷史學系，曾任臺大新聞社社長，畢業後擔任報社主筆，負責市政專欄，一九七三年獲中國國民黨推薦參選臺北市議員當選，從此走上仕途，是班上最傑出政治人物。

高三時的英文老師是剛從臺大畢業回母校任教的林柏榕老師，即是後來的臺中市市長，儀表堂堂的他英文流利且發音標準，令學生受益良多，深受學生喜愛。導師是教國文的劉騮老師，文言文造詣很深，數學老師是廖天才，三民主義老師是吳自虔，也是後來旺宏電子吳敏求董事長的父親。

林柏榕畢業於臺灣大學外文系，一九七一年創辦私立立人中學，並出任校長。由於立人中學位於臺中市近郊大里鄉，林柏榕又住在臺中市東區，因此林柏榕以土生土長臺中人的身分展開社交，積極主動參與獅子會、同濟會、扶輪社等社團，還認識了當時任職社會局長的邱家洪。由於林柏榕的勤快熱心，以及深厚英文底子，加上他時常自願擔任社團義工，使各社團樂於請他相助接待外賓。因為上述因緣際會才出馬競選臺中市第九屆市長，並順利當選。著有《我的學思歷程》等。

3 創校先賢聞名全國

臺中市立臺中第一高級中等學校，簡稱臺中一中。該校成立於一九一五年，是日治時期第一間臺灣人可就讀的中學，是由中部仕紳向臺灣總督府爭取辦學，以捐獻的方式爭取臺灣子弟就讀中學的權利；後於日臺共學期間，在日籍校長爭取下，守住「第一」的名號，成為當時唯一一間以臺灣人為主的「第一中學」。

一九一三年，臺灣熱心教育人士，以林獻堂、林烈堂、辜顯榮、蔡蓮舫、林熊徵等人為首，創立臺中一中，這五位主要創辦人被稱為「創校五先賢」。

校訓是「公、誠、勤、樸」。代表標語：「吾臺人初無中學，有則自本校始。」

一九一五年，臺灣總督府公布《臺灣公立中學校官制》，係在臺設立中學校的法源依據。二月三日創立專收臺籍人士的「臺灣公立臺中中學校」，此為第一所培育臺灣青年的學校，五月一日正式開學。

一九四八年，教育部部長朱家驊率團抵臺視察，評列該校為全國三十九所優良中學之一，臺灣僅臺中一中與北一女中入選，獲頒獎金二千元。金樹榮校長喊出口號「爭取第一，保持第一」作為校訓，並以當時的獎金立下「毋負今日」碑作為紀念，其意是說已經爭取到了第一，今後應該保持第一。

一九五四年因應政府防空政策，臺灣省立臺中第一中學於豐原鎮設立「翁子分部」。一九五五年，將原先設立的夜間部九班，由學校利用原有設備，另增添四間教室，改為日間上課。一九六八年，教育廳推行「省辦高中，縣市辦初中」的政策，裁撤初中部，並接收臺中市立第一中學高中部的男學生，改制為「臺灣省立臺中第一高級中學」。「翁子分部」為配合省辦高中政策，接收縣立豐原中學高中部學生，獨立升格為「臺灣省立豐原高級中學」。

4 百年校慶與有榮焉

二〇一五年，逢臺中一中創校百週年校慶，校方與學生會積極籌備校慶活動。校園亦有多項工程，包括於育才街側興建新的溫室植物園、拆除樟園並修復校史館、光中亭之枯山水造景美化、慎思樓前露天舞臺、麗澤樓外牆修整與再現外牆浮雕等。昔日我就讀高二時，教室正好安排在光中亭旁邊，班上同學自動發起編印班刊，即取名《光中月刊》。

同年六月九日，因應十二年國教多元課程，與臺中女中、臺中二中、文華高中及興大附中簽訂「Taichung Big 5策略聯盟」合約，進行校際合作開發課程、跨校選課或共同開課，以提升教育品質。

三年一轉眼即過去，衛道中學與臺中一中相比，前者管教嚴格，學生較被動，後者較自由，學生較主動，師生都很優質。學生全都理小平頭，穿卡其色制服，中午自帶便當，在腳踏車停車棚旁邊設有一個多層蒸籠由工友為學生蒸便當。學生生活十分樸實，特點是同儕學習發揮很大的效果，每個人都用功讀書，全班讀書風氣很好，我每天回家除了複習功課外，一定預習隔天要上的課業，因此按部就班讀書，維持中一中學生的水準，一九六六年六月畢業時大家都考上好的大學。

我與實踐大學結緣一輩子，幾乎最關鍵時期都在實踐這個大家庭服務，更榮幸能和謝創辦人同為臺中一中校友。一九二三年，謝東閔剛讀完中學二年級，日本大正天皇重病多時，由皇太子裕仁攝政，稱為「攝政宮」，特地來臺灣巡視遊歷，依據《歸返》一書的記載：

> 能夠進入臺中一中求學，對來自偏僻鄉下的我真是莫大的幸運。我自小被培養成內向的個性，不愛說話，在班上不活躍，但人緣不壞。班上同學看我木訥用功，規規矩矩，給我起兩個外號，一叫「聖人」，另一個叫「卡麥拉」。「聖人」是從我的言行性格叫出來的；「卡麥拉」則因我的姓名叫「謝進喜」，和日本人所說「寫真機」（即照相機）讀音相同，而「寫真機」英文語音則是「卡麥拉」。
>
> 「聖人」是我嚮往崇拜的，只是我不敢當；「卡麥拉」則正合我心。因為，我從小目睹日人暴行欺凌，有如照相機拍照一般，永銘心中，不能磨滅。

後來在我擔任靜宜大學校長時，曾獲邀回母校在週會時對學弟們作了一場專題演講，主題是「邁向成功的人生」，指點學弟們如何做好時間管理與人生規劃，以自己的經驗給學弟們一些人生方向的引導及啟發。二〇一五年臺中一中創校一百週年校慶日，我和邱仲仁同學等人獲頒傑出校友獎，從陳木柱校長手中領授獎牌，這可說是我與臺中一中結緣到了最高點。

人生的際遇還真的非常奇妙，謝東閔先生一生最滿意的志業，卻在相隔了半世紀之後，在我的回憶錄裡得到歷史的見證，我們兩人年齡相差四十餘歲，我臺中一中畢業時，實踐家專已創校近十年。實踐大學自一九五八年創校以來，謝創辦人胼手胝足奠下厚實的發展基礎，我有幸前後追隨謝創辦人、林澄枝校長以及謝孟雄董事長，親身擔任該校校長終能實現謝創辦人的創校理想，並讓該校校譽發揚光大，的確「聖人」是我所追隨與崇拜的。

第三篇

考上成大　教學相長

——書山有路勤為徑，學海無涯苦作舟

1 成大外文系的沿革

成功大學前身為一九三一年臺灣日治時期創辦的「臺灣總督府臺南高等工業學校」，二戰後國民政府於一九四六年接收，改制為「臺灣省立臺南工業專科學校」，同年底升格為「臺灣省立工學院」，一九六六年增購光復校區。一九六九年將文理學院分為文學院及理學院。一九七一年改制為「國立成功大學」至今，並由倪超博士接任校長；同年增購建國校區。

羅雲平，生於安東省鳳城，是工科教授、政治人物、教育家。哈爾濱工業大學畢業後前往德國漢諾威高等工科大學取得工學博士，一九四九年五月到臺灣，在臺南市臺灣省立工學院擔任教授，一九五六年八月出任成功大學教授兼工學院院長，一九五九年一月轉任教育部高教司司長，一九六四年一月接任國立成功大學校長，一九七一年三月出任教育部部長。我於一九七一年六月畢業，羅雲平部長還回成大參加畢業典禮，擔任貴賓致詞。

成功大學外文系創立於一九五七年，一九九三年起增設外國語文研究所碩士班，當時規劃以小說、戲劇、跨文化研究為發展重點。一九九九年增設碩士在職專班，以語言學、文學及語文應用為研究方向，提供在職人士進修管道。同年增設博士班，延續碩士班既有之學術研究基礎，致力於英美語文學術研究人才之培養。

二〇一四年度起研究所碩士班分為甲組（文學組）及乙組（語言學組），形成完整之英文學術研究體系。除此之外，該系亦於二〇〇三年度起開始招收大學部、碩士班及博士班之國際學生。二〇〇九年度成立博士班「語言學與外語教學組」。在地理位置上，該系所位於光復校區修齊大樓，揉合了古典與現代建築的特色，為文學、語言學與語言教學三者並重之教學研究重鎮。

我大學四年在光復校區度過，除了在此上課，我曾住過第十四宿舍，一個房間上下舖住十人，有一半是緬甸、馬來西亞及港澳僑生，浴廁還是日治時代建築，十分簡陋，但同學相處十分愉快。來自緬甸的黃啟光同學不但英文好，而且是位專業吉他手，每天下課傍晚時間，我們班上一些同學就會和他聚在光復校區大榕樹下，聽他彈吉他一起合唱，有的時候還自動婆娑起舞，度過美好時光；成大成功堂每週末晚上放映電影，我都會去欣賞。我每天早上六點多起床，參加國術社打太極拳、練氣功，後來我自行加入一些瑜伽的套數，成為自創的「八段錦」，每天早晚習作及自我運動，成為個人養生保健的要訣。

2 師長教導終身獲益

當年大學聯考乙組錄取率低於百分之二十，外文系是乙組最熱門的學系，入學分數比其他國文、歷史、哲學等系高出許多，我當時以四百零九分錄取成大外文系。

早期成大外文系女生約占四分之三，培養出不少名人，在我前三屆出了文建會主委鄭淑敏，後三屆出了首任文化部長龍應台，可惜和她們不熟。

因為臺南風氣保守，外文系學生除了上課外少有講英語的機會，為提升同學說英語的能力，一九六九年十一月我發起成立外文系英語說話社（English Speaking Association），由同班緬甸僑生黃啟光同學擔任社長，我擔任副社長，邀請日夜間部同學參加，規定社員見面要用英語交談，實施一年，成果並不理想，倒是我和系上的僑生經常聚會，活動過程採用英語交談，會話的流利度進步了不少。

傅從德教授於一九五七年八月至一九七二年七月擔任系主任。本來是臺灣大學外文系早期新聘五位專任教授之一，奠定了該校初步發展規模。從臺大外文系轉來成大任職之傅從德教授擔任第一屆系主任。

他是國內文法泰斗，能寫一手漂亮的英文，許多早年的系友能獲得美國大學獎助學金，部分得利於他那簡潔又有說服力的文字。有六十年歷史的成大外文系，先後由十九位系主任掌舵，任期有長有短，傅主任之任期最久，前後長達十五年。

傅主任擔任系主任那段時間，請來英籍安德遜夫婦教授聖經文學與西洋古典文學，克羅滋爾夫婦教西洋文學概論及英美小說，海里斯開授演說與辯論，碧比教授開授西洋戲劇，美籍神父卡立教會話，伊頓傅教士教美國詩歌，華裔美籍講師林英敏教英國小說，這些外籍教授陣容為當時一時之選。教過我的國籍老師除傅主任外，有于希武、趙默、賈彥文、呂迺正、李慶雄、吳振芝、唐亦男、胡漢傑及施肇錫教授等。

成大外文系在國立各大學中，屬於最年輕的外文系，系主任傅從德教授是由臺大外文系禮聘來的，他也從臺北聘了幾位教授來支援，如從政大新聞系聘請施肇錫教授教新聞英語。此外，他更從基督教臺南神學院及天主教會聘了許多位外籍神父修女、牧師及留美年輕博士如馬忠良教英美文學、英語會話、西洋古代文學等課程。

導師于希武教英語文法與修辭、全班當掉一半以上，趙默教授教莎士比亞，賈彥文神父教法文，呂迺正教英文翻譯與商用英文，胡漢傑全英教語言學，以及年輕的馬忠良、李慶雄教授等，在初創期，這樣的師資陣容還算堅強。

于希武教授早年在東北大學外文系任教，一九四四年七月東北大學外文系主任為殷寶璨，教授群中有陳克孚、樊哲民、王般、于希武、張國奎等。

我回憶就讀大一時，導師于希武教授對班上同學談話時，在黑板上寫下一幅對聯：「書山有路勤為徑，學海無涯苦作舟」。這幅對聯五十多年來，一直深刻影響著我，經常遇到困難時就會浮現於眼前，成為我生活與生涯中的無形導師與座右銘。

在古訓《增廣賢文》中有唐代著名詩人、哲學家韓愈的一句治學名聯：「書山有路勤為徑，學海無涯苦作舟」。這句詩可以作為座右銘來激勵一代又一代的年輕人，只有勤奮讀書、堅持不懈，才會有所收穫，走向成功。

韓愈的這句話意在告訴人們，在讀書、學習的道路上，沒有捷徑可走，沒有順風船可駛，想要在廣博的書山、學海中汲取更多更廣的知識，「勤奮」和「潛心」是兩個必不可少的，也是最佳的條件。

馬忠良教授，山東省陵縣人，國立成功大學外文系畢業，一九七一年美國奧立岡大學教育碩士，一九七八年美國南伊利諾州立大學教育博士。自一九八五年起先後任成大外文系主任、文學院院長、訓導長、學務長、教育研究所所長。二〇〇〇年創辦立德管理學院應用英語系，並兼該校學務長，二〇〇六年曾受聘該校講座教授。我就讀成大外文系時，馬忠良老師已在美國進修，他擔任系主任、院長時，我們班上同學回母校，我也一起拜會過他。在他擔任立德管理學院教務長時，我擔任大學評鑑委員，實地訪視七所新設大學，曾到該校評鑑，和他見面並深入瞭解該校，也一起回憶成大外文系的一些往事點滴。

3 暑期兼任中文講師

一九七〇年年初，經賈彥文老師介紹，我接續土木學系歐晉德學長，應聘到臺南農業改良場非洲農技人員講習班兼任中文講師，教來自八個英語系友邦二十多位學員基礎中文會話，每週二、三兩個晚上，每次一個半小時，鐘點費一百五十元，週末假日個人夥同班上同學還常邀請他們和另外來自十四個法語系國家的學員，一起到成大參訪或到附近旅遊，不僅促進彼此的友誼，更大大地提升大家的英語口說能力，對日後教育生涯與國際觀幫助很大。

當時，臺南市中非技術合作中心的非洲農業技術人員講習班，於收穫的季節在實驗田收割稻作蔬菜，我國的技術人員在場指導。

4 榮獲非洲先生召見

一九六〇年是國際上所謂的「非洲年」，是年有十六個非洲國家先後獨立，並依據「普遍會籍原則」加入聯合國，以上情況竟為聯合國中僵持不下的「中國代表權案」投下了變數。這些非洲國家基本上都是採取「不結盟政策」，但其在聯合國之一票對於臺海兩岸的政府來說，卻是不可或缺的。於是，我國為了延續聯合國中的代表席次，便將焦點移轉至這一些新興國家上。

不過我國對這些新興國家所知有限，交流不廣；為了積極爭取，我國開始主動出擊，以各種各樣的訪問團、代表團、特使團深入非洲大陸，同時也邀請非洲人士訪臺，藉著頻繁的接觸，加深彼此的認識。當時外交部出了一位政務次長楊西崑，因為勤跑非洲，為鞏固非洲國家邦交關係，成為「非洲先生」。為接待臺南非洲農技人員，我於一九七〇年春曾寫信給楊次長，並承蒙他在臺北外交部賓館接見。

一九六四年二月起，因為我國在非洲的技術隊已經有十隊，而其中農業技術團隊更高達八隊，對於相關的農業技術問題亟需有專業人士在臺協助評閱報告，由是中非會特聘請臺大教授盧守耕為專職顧問。

當時非洲有四十二個獨立國家，人口二億二千萬人，其中和我國建交的友邦有二十二個，分別是喀麥隆、查德、加彭、象牙海岸、尼日、盧安達、塞內加爾、獅子山、多哥、上伏塔（今布吉納法索）、馬拉威、甘比亞、剛果民主共和國、達荷美、馬拉加西共和國（今馬達加斯加）、波札那、中非、迦納、賴索托、模里西斯及史瓦濟蘭（今史瓦帝尼）。而與大陸建交的有十三國，另外七國與我國和大陸都沒有正式邦交。

自一九六一年起，我國派出農耕隊在非洲十八個國家展開工作，派駐農技專家人數五百六十餘人，樹立獨有的農業技術外交勢力及風範，直到一九七一年我國退出聯合國，才逐漸起了變化或者中止。我有幸在成大讀書時，參與此項臺非的農技推廣外交史，成為畢生難忘的一段精彩插曲，也奠定我日後在大學服務期間能夠兼顧國民外交，並發揮適時幫助服務過三所大學的「國際化」成果。

5 榮獲母校頒成就獎

一九七一年六月我自成功大學外文系畢業，二〇一二年十一月九日接受國立成功大學頒贈成大校友傑出成就獎，此獎項來自一所國內外著名的大學，讓我深刻感受從事教育英才是有意義的人生志業，促使我更加努力奉獻於高等教育。

二〇一二年九月二十二日《中華日報》記者黃微芬，曾針對我得獎事蹟詳細報導如下：

成功大學二〇一二年度校友傑出成就獎揭曉，共九人獲獎，涵蓋學術、建築、科技、航空等領域，其中實踐大學陳振貴、美國西北理工大學謝佐齊、臺灣科技大學劉清田及前中山大學校長劉維琪等國內外四位大學校長同時入選，傳為美談。其餘得獎人是陳玉松、鄭光遠、王康隆、陳邁、楊兆麟等五名傑出校友，於同年十一月校慶當天頒獎。

二〇一一年八月獲聘擔任實踐大學校長的陳振貴，基於外文系的訓練，這幾年推動校務創新，除了與國外學校加強交流合作，考量到提升學生畢業後的競爭力、職場經驗與國際視野，在個人積極努力下，近年實踐大學不但大力促進學生國際交流、交換師生、雙聯學位、國際競賽展演，獲得《遠見雜誌》評選為國際化第七名佳績外，並與中國大陸臺商協會、臺資企業進行境外實習與產學合作。

6 作育英才終身職志

由於求學過程一路波折，個人也曾數度興起放棄在美國進修的念頭，但最終我仍決定一邊工作，一邊深造。在束裝返臺到當時的實踐家專任教三年後，我才以交換教授身分再度赴美攻讀博士學位，終於在一九九一年取得美國諾瓦大學教育學博士學位。

成大校友傑出成就獎得獎評語載明如下：

外文系60級校友，現任實踐大學校長，曾任嶺東技術學院校長、靜宜大學校長；從青年時期開始，他就以「作育英才」為終身職志。成大畢業後，就投入國內、外教育事業的行列，服務中外學子，宣揚刻苦成長信念，貢獻所學，嘉惠青年學子。其學術生涯，以鑽研人文社會科學為主體，期許自己發揮人本精神，也涉獵多元領域知識，以期能達成教育學與行政學科際整合。也就是這樣的自我期許與努力，陳振貴校長才會先後擔任國內、外數所大學的校長，並兼有高等教育領域中，許多重要決策制定與推動委員會及基金會委員等重要職務。

第四篇

美國進修　專攻教育

——期許我能作為一顆火花，點燃後輩學習熱情

1 五虎崗傳奇的啓發

一九五〇年，張鳴（驚聲）、張建邦父子創辦淡江英語專科學校，是臺灣第一所私立高等學府。一九五八年改制為文理學院，一九八〇年正名為淡江大學。張建邦博士從一九六四年開始接任，細心擘劃，引導學校的穩健成長，其貢獻十分卓著。

張建邦，臺灣宜蘭人。曾就讀上海聖約翰大學經濟系，美國伊利諾大學農業經濟碩士、教育行政學博士。返臺後任教於淡江文理學院，一九六四年起擔任院長。一九八〇年淡江文理學院升格為淡江大學，續任校長至一九八六年。

淡江大學從創校以來的辦學特色，一向將策略焦點專注於世界高等教育發展趨勢，並以「樸實剛毅」的校訓為本質，以發揮「淡江文化」為內涵，從需求面突破困境，在競爭中提升價值，讓每個淡江人始終能「立足淡江、放眼世界、掌握資訊、開創未來」，也只有當淡江全體教職員生，面對各種挑戰，盡心竭力的勇往直前，大家攜手同心，果敢承擔學校光榮使命，才能繼續流傳五虎崗傳奇。

一九七一年我考進淡江文理學院歐洲研究所美國組，一九七三年起在研究所擔任助教，翌年碩士班畢業，才正式踏入教育界服務。首份工作就是擔任淡江區域研究室助理研究員，可以說從研究所時代，即與母校結下深厚的校友情誼。

回憶當年張建邦創辦人甫完成艾森豪訪問學者，從美國歸來，我深受他辦學嚴謹態度的影響。求學期間也深受恩師鈕先鍾的教誨，他開授「大西洋公約組織與大戰略」課程，我前往旁聽，並請陳明所長和鈕教授指導碩士論文《季辛吉對美國外交政策決策制定之影響》，獲益良多。

時任歐研所鈕先鍾教授對時勢論述的精闢見解更是讓我感到印象深刻，鈕教授從歷史上的全球戰役，分析政治、經濟、社會、心理、軍事五個大戰略層面，帶領我們進行大戰略性思考，透過學習過程也幫助我們整體思維發展。

鈕先鍾（一九一三年七月至二〇〇四年二月七日），臺灣著名軍事戰略學者，出生於江西九江。曾任職軍事委員會外事局暨聯合國善後救濟總署，促進盟國聯繫合作，協濟戰後復員任務。隨政府來臺後，歷任《台灣新生報》總編輯、國防計畫局編譯室主任及總統譯官等職，鑽研歐美軍事韜略，在著作方面，含括中國及世界戰史及戰略，著有《第一次世界大戰》、《第二次世界大戰》、《現代戰略思潮》、《中國戰略思想史》、《西方戰略思想史》、《孫子三論》、《歷史與戰略》等書。

2 榮獲淡江菁英表揚

我自淡江文理學院碩士班畢業後，曾留校擔任區域研究室助理研究員兩年，離開母校後於一九八一至一九八四年、一九八七至一九九三年間兩度旅居美國期間皆加入淡江大學南加州校友會，參與各項活動；自一九九三年返國定居，多次參加母校舉行的校友校長會議，積極參與淡江發起的財團法人高等教育國際合作基金會以及母校校慶活動。

二〇一一年度我擔任校務評鑑委員，曾回母校參與評鑑；參加母校重要國際學術研討會；並代表實踐大學參與母校等中、北區十二所大學「優久聯盟」，關心並共同促進母校校務發展；在擔任靜宜大學、嶺東科技大學及實踐大學校長期間，特別雇用或提拔淡江大學畢業的校友，例如實踐大學郭壽旺國際長、華語中心陳思妤主任及國際事務處吳霽儒多位同仁等。

「淡江菁英」是金鷹獎獲獎校友組成之「金鷹會」為回饋母校，特以獎座為模型，塑造的金鷹銅雕。「淡江菁英」金鷹獎係母校董事會張建邦與林添福兩位董事長設置於一九八七年，其目的在鼓勵淡江校友獻身國家、服務社會、造福人群、回饋母校的最高榮譽。獎座以「金鷹展翅」為造型，象徵淡江校友，鷹揚天下，俯視群倫的磅礴氣勢，我獲得此獎項，受到母校的肯定，深感榮耀。

3 傳承母校教育志業

二〇一六年十一月十一日淡江大學隆重出版《第三十屆金鷹獎特刊》，內容刊載〈興學熱忱獻杏壇：歐研所校友實踐大學校長陳振貴〉：

> 「哪裡最需要我，就是我全力奉獻的地方。」這是第三十屆金鷹獎得主、歐研所校友，現任實踐大學校長陳振貴的座右銘。在美創辦鳴遠

中文學校、出任嶺東科技大學、靜宜大學校長，深耕教育領域至今逾三十八個年頭，「來到淡江念歐研所，兼差過家教、擔任教學助理，正因所上提供紮實的學術理論及教授薰陶下，使我更加確信自己熱愛教育工作。」

二〇一六年十一月我接受該校記者陳品婕專訪時說：「當年張建邦校長從美國帶回未來學的書籍，我曾參與、協助翻譯工作，到現在還記得這項特別的經驗。」

我在榮獲母校「金鷹獎」肯定時，曾說：「期許我能作為一顆火花，以自身經驗點燃後輩學習熱情，使未來社會更加美好。」期待看見更多從我手中接過畢、結業證書的數萬名學子，均能成為國家未來的主人翁，這也是我信守終身的教育志業。

然而，面對少子化衝擊，各校積極發展國際化，我身在其中，認為臺灣是有能力輸出教育產業，樂觀以對。尤其針對母校淡江大學，近年來展現大格局的思維，與實踐大學同屬「優久聯盟」的老字號私校，論專業領域、學生人數及國際化程度，淡江都是最佳的學習標竿。

如今母校以追求卓越，不斷創新為永續經營的目標，創校至今已超過七十年歲月，始終秉持著日新又新的精神，重視教學品質、學術研究與學習服務。一九九二年淡江引進「全面品質管理」機制，持續提升教學、研究、行政及服務的品質，締造了多項優異的績效，備受社會各界的肯定與推崇，並於二〇〇九年榮獲「國家品質獎」。上述辦學精神與成就均讓全體母校校友感佩不已。

4 留學美國專攻教育

我於一九七四年六月獲得淡江文理學院歐洲研究所美國研究組文學碩士，一九七七年五月美國麻省史密斯學院美國研究所畢業。

麻薩諸塞州是美國的一州，正式名稱為「麻薩諸塞聯邦」，位於美國東北，是新英格蘭地區的一部分。在中文中，通常簡稱「麻州」或「麻省」。一七八八年加入聯邦，是美國獨立時十三州之一，世界頂尖學府哈佛大學和麻省理工學院都位於此。

麻州的哈佛大學是常春藤聯盟大學的一員，並且有三所大學是屬於七姊妹學院、曼荷蓮學院、史密斯學院和衛斯理學院。科技導向方面的大學有麻薩諸塞州理工學院和沃斯特理工學院。我的母校史密斯學院（Smith College）是一所位於美國麻薩諸塞州北安普敦的獨立私立女子文理學院，研究所男女合校。史密斯學院創立於一八七一年，是著名的七姊妹學院成員之一。

史密斯學院係位於麻州靠近中西區，即康乃狄克山谷的大學城五大學院之一，其他四個學院為聖尤克山學院、安姆赫斯特學院、罕布希爾學院以及麻州大學安姆赫斯特校區。它是麻省著名的一所貴族人文學院，當年我獲得全額獎學金美金五千元，等於中了愛國獎券特獎般的殊榮，新臺幣二十萬元，在臺中可以買兩棟平房；我在麻省度過一生中最豐富、享受最高品質也是讀最多英文書籍的一段求學生涯。

5 擔任英語教學工作

我於一九七四年六月自淡江歐洲研究所美國組碩士畢業，即到實踐專校祕書事務科及文化大學夜間部大傳系兼任英文講師，當時實踐校長是謝孟雄博士，祕書事務科主任是林澄枝教授。那時實踐是女校，以新娘學校著稱，我二十六歲餘，年齡和學生相近，很容易和學生打成一片，頗受學生喜愛。

一九七八年七月十五日我自美回國，獲謝孟雄校長聘為專任副教授，接著擔任林澄枝校長英文祕書、語言中心主任、夜間部教務組組長。當時實踐開始與美國多所社區學院締結姊妹校，進行交換師生，個人負責交流聯繫工作，於一九八〇年暑假帶領五十八位學生及六位老師到夏威夷楊百翰大學及加州研習一個月，並於一九八一年七月到巴沙迪納社區學院（Pasadena City College）擔任交換教授。

我於接受高等教育期間，由於學費無著，所有學位均以半工半讀方式完成。尤其於一九八一年赴美擔任交換教授期間，必須一面攻讀博士學位，一面工作，曾一度奉調回國而中斷學業，然均因青少年時期「刻苦自勵」的人格訓練，方能秉持毅力，終至順利完成博士學位。

6 撰述教育行政專書

我除在國內大學校院任教外，一九八一年於美國加州巴沙迪納社區學院擔任交換教授教ESL課程，並於一九八八至一九八九年在洛杉磯諾斯洛普大學（Northrop University）研究所教授教育行政、美國教育之歷史與哲學、課程設計等。

學術專長包括：高等暨技職教育行政與管理、高教評鑑、社區教育、教育與宗教哲學、商用與觀光英文及中美關係研究等。

在著作方面陸續出版有：《貿易英文》、《英文履歷大全》、《大學倒了沒？》等專書，此外，發表期刊論文及研究計畫成果近百篇。我在讀研究所時，兼任今日儀器公司英文祕書，涉獵國際貿易實務，因此具英文與國際貿易跨域能力，除了教商用英文、貿易英語會話課程，也曾教過Telex英文及國貿實務課程，出版相關的英文專書。

貿易英文起源於英國商界，用於彼此溝通，以達到商業上某種特定的目的，因此，從事對外貿易或與之有關聯的事務，均離不開貿易英文。貿易書信的撰寫除了需要貿易工作的實務經驗之外，也要能適時流暢的使用貿易英文的獨特語法及術語。

一般貿易商所謂的貿易英文，基本上則以貿易書信為主。當時臺灣外貿蓬勃發展，貿易界均透過電報交換Telex，隨時將公司的旨意拍給對方，或透過通順而精實的英文書信表達能力以建立業務往來，因此貿易語法和術語須靠正確的貿易英文和熟練的業務經驗相互配合。

大多數的求職者都誤以為，英文履歷只是一份簡單的自我介紹，條列式的陳述每個階段的學經歷便可。還有為數眾多的求職者，直接使用人力銀行所提供的線上格式化履歷，不但無法突顯「個人特色」，拿著「同一份履歷」，四處投遞不同工作職務的情況也屢見不鮮。《英文履歷大全》除了涵蓋國際貿易流程各類英文書信，更歸納出求職者在撰寫時最常犯的錯誤，幫助求職者寫出一篇格式清楚易讀、能完全展現個人強項及優點的最佳英文履歷。

我於國內外大學任教，一路都兼任行政工作，教育行政是教育機關為實現其目標所做的事務管理。行政事務往往涉及到「人」的部分，因此教育行政也包括對教育人員的領導與管理，與組織以外的社區、社會大眾互動等，其目的都在於實現教育的目標。

我在學校從助教、註冊、課務組長、語言中心主任、電算中心主任、推廣中心副主任到副校長共二十一年，擔任校長也長達二十一年，一輩子共擔任各種行政工作四十二年。回顧自己歷任各種教育行政工作，若要列舉最艱難的時期，莫過於一九九四年修訂《大學法》後，實行「教授治校」，一九九九年至二〇〇二年擔任靜宜大學校長期間，躬逢其盛，當時社會風氣隨著民主開放，各界提出改革及建言，個人也親身見證臺灣教育進入風起雲湧的變革階段。

第一次主持校務會議，為了討論校園四大建設與規劃，會議由上午九時進行到晚上十一時，另一次校務會議，為了討論未來系所院規劃，會議由上午九時一直開到晚上十二時十分，中間除了午晚餐休息，還吃了一頓宵夜，可以說是挑燈夜戰。校務會議代表們發言十分踴躍，偶爾有唇槍舌戰，而最後留下來的代表仍有半數以上達四十七人。經由民主程序，全校集思廣益，雖然辛苦，但是為學校的校務發展做規劃，為靜宜大學奠定堅實基礎，所有的付出與辛勞是值得的，也是全校同仁有目共睹的，因此二〇〇二年一月我在校務會議結束宣布學年結束，我任期屆滿將不再續任時，全校譁然，同仁們發起聯署要求我繼續連任，雖然最後未能留任，但對這段治校歷程永生難忘。當時主要是因為嶺東技術學院籌備改名科技大學，嶺東學園張總執行長是多年好友，親自來靜宜邀請前往幫忙，我瞭解技職體系師生生態環境，因此毅然決然決定不再續任。

7 進修學位兼職歷練

我曾三度旅居美國，在美國讀書、旅遊及工作達十二年。一九七六年至一九七七年赴美國麻省史密斯學院美國研究所進修；一九八一年赴巴沙迪納社區學院擔任交換教授，並至諾瓦大學進修教育博士；一九八七年至一九九三年間，三度赴美完成博士學位，除在諾斯洛普大學企管研究所任教外，也在蒙特利公園市創辦天主教鳴遠中文學校（Catholic Ming Yuen Institute），擔任五年僑校校長及一年鳴遠學院校長。

一九八二年二月至一九八五年一月我擔任洛杉磯Wholepack科學儀器公司經理；一九八九年十月至一九九二年七月擔任加州Ups Realty Inc. & Rosemead Financial Inc.總經理。

我除擔任教職外，在國內及美國讀書期間，必須半工半讀，因此獲得不少業界實務經驗，然而在辛勤努力的背後，卻因此深刻體認到「勤勞即是快樂」這句話的人生哲學。

8 赴美擔任交換教授

一九八一年八月至一九八二年五月從實踐家專奉派到美國姊妹校加州巴沙迪納社區學院擔任交換教授，當時的校長是Dr. Richard S. Meyers，他是謝孟雄、林澄枝夫婦的好友，對我十分照顧。巴沙迪納社區學院是一所位於美國加州洛杉磯東北部的巴沙迪納市的社區學院。該校創建於一九二四年，位於加利福尼亞州巴沙迪納洛杉磯以北十分鐘處的San Gabriel山腳下，為近三萬名學生提供高品質、創新和動態的學習環境，學校學生則來自一百餘個不同國家。巴沙迪納社區學院被公認為加州地區最好的社區大學之一，也是美國西南部最早成立的社區大學之一。

巴沙迪納社區學院可授予副學士學位，專業設置廣泛，除了校園課程之外，巴沙迪納社區學院同時開設有相關領域的網路課程，以方便廣大學生的自主化學習。其專業及課程設置面向實際，注重實踐，致力於為社會培養實用型人才和為綜合性大學輸送深造學生。除了與加州大學系統中的六所大學簽有TAG轉學協議之外，巴沙迪納社區學院還與佩珀代因大學、亞利桑那州立大學等其他美國大學簽有TAG轉學協議，學生只要滿足一定的要求，就能保證轉入四年制美國大學繼續就讀。

我除了在巴沙迪納社區學院的社區職訓中心擔任ESL老師外，也利用機會花一年時間在學校三十二個單位作行政實習，一方面符合諾瓦大學博士學位的實習要求，也讓自己對美國社區大學的治理與經營能有深入的瞭解。

9 創辦僑校出任校長

一九八七年七月至一九九三年六月赴美國加州蒙特利公園市創立天主教鳴遠中文學校並擔任校長。在美期間，對美國政情多所瞭解，並常發表政治社會評論，深受僑胞與僑團信賴。一九九二年在南加州發起慶祝中國新年「四海迎春」大遊行及園遊會，並擔任遊行大隊共同主席。一九九三年六月離開蒙特利公園市返國時，曾榮獲加州州務卿余江月桂頒贈「加州榮譽親善大使」。

一九八七年七月回到美國洛杉磯，創辦鳴遠中文學校時，對教育精神和辦學理念擁有滿腔熱血，首次興學即面臨艱鉅的任務，由於學生程度不一、師資背景多元，要維持教學品質和穩定生源都是挑戰，因此我還嘗試辦理夏令營、課後輔導班及慶祝遊行，促使鳴遠成為洛杉磯第二大的中文學校。當年興學的困頓彷彿成過往雲煙，所共同發起的每年農曆年節「四海迎春」慶祝大遊行，成為當時「小臺北區」熱鬧一時的社區節慶活動。

10 苦學有成榮獲博士

我於一九九一年七月獲得美國佛羅里達諾瓦大學高等教育研究所教育學博士學位。諾瓦大學建校於一九六四年，是一所私立綜合性研究大學。主校區在大衛市，離邁阿密市區只有三十九公里遠。截至二〇一七年，在佛羅里達州有八個分校，在海外（波多黎各）有一所研究院。

學校建校時叫做諾瓦高級科技大學，最開始只針對高級科研人才提供心理學和社會學的碩士、博士學位。在一九七一年接受了由美國GECO公司創始人Leo Goodwin先生所捐贈的一千六百萬美金後，迅速發展擴張。一九九四年該校與東南健康科學大學合併，改名為諾瓦東南大學。該校學生人數超過二萬六千名，是佛羅里達州最大的、也是美國東南部最大的獨立高等教育機構、全美第六大獨立教育機構，尤以法學和醫學專業出名，培養出大量的人才。

諾瓦東南大學自二〇〇〇年因為佛州地區人口膨脹加劇和學校經費預算增加，排名迅速上升，在二〇〇九年被《華盛頓郵報》排到五十一名。和邁阿密大學同被公認為佛羅里達州最負盛名的兩所私立研究型大學。

此外諾瓦東南大學也是佛羅里達州私立大學聯盟最有實力、規模最大的大學。風景優美是它另一個特色，有全美最漂亮大學之稱。由於諾瓦東南大學建校時並沒有開設大學部，只是針對碩士、博士等高級人才開設的大學，直到合併了東南健康科學大學以後才有大學部，成為世界頂尖五百強大學之一。

我在旅美期間就讀諾瓦大學博士班洛杉磯分部，學生都是事業有成的主管或教師，一班才二十幾人，我是最年輕的學生，課程定期集中在週末，上課老師來自全美各地，也有加州大學洛杉磯分校、南加大的教授。

我的博士學位是Ed.D.實務教育博士學位，因此除了上兩年課，還要完成六篇實習報告及一篇博士論文，於是藉由在巴沙迪納社區學院三十二個單位做了一年的實習，對美國教育制度以及教育行政管理，均有深入的體驗與瞭解，這對個人日後在臺灣的大學教育服務事業，尤其在三所大學擔任二十一年校長的行政主管工作有很大的幫助。

第五篇

結緣實踐　終身情分

——注重功能性發展，塑造實踐新形象新風貌

1 應聘家專開展職涯

我在一九七四年六月淡江文理學院歐洲研究所美國組碩士班畢業後，即獲謝孟雄校長聘為兼任英文講師。兩年後，於一九七六年七月七日赴美國麻省史密斯學院（Smith College, Diplama Program in American Studies）進修，完成學業後於一九七八年七月十五日自美回國，榮獲謝孟雄校長聘為祕書事務科專任副教授，隨後林澄枝於一九七八年十一月接任校長後，又擔任林澄枝校長英文祕書。

一九七八年十一月六日謝孟雄校長應聘為臺北醫學院校長，同年九月榮獲謝孟雄校長聘為臺北醫學院兼任副教授。一九七九年五月二十三日學校奉准更改校名為「私立實踐家政經濟專科學校」。一九七九年七月十五日起兼任夜間部教務組長及語言中心主任。一九八三年九月二十六日林澄枝校長卸任，謝孟雄校長再度回校接任。我於一九八五年二月一日再度獲聘為專任教授兼任教務主任職位，直至一九八七年七月。

實踐創立第十年後，正值臺灣經濟高度發展時期，適合於婦女從事的成衣工業、手工藝業，都需要有技術本位的專才，一般工商企業，對於財務、事務管理也需才殷切，故除家政教育之外，學校也順應時勢發展商業教育，而有早期會計統計科、祕書事務科的設立，以及後來的美術工藝科、銀行保險科、社會工作科的設立。

實踐創校初期雖是以家政教育為基礎，但發展至八〇年代時，已突破家政教育的範疇，走向多元化技職教育發展的路線，多年來同時兼顧家政推廣教育與商業經濟教育，並且均獲得極佳的辦學績效。在謝孟雄校長與林澄枝校長任內，提出學校發展目標：以實踐民生主義為依歸，配合食衣住行育樂六大需要，以促進民生之樂利、健全家庭組織以發展家庭功能，並進而繁榮社會，穩固國家。同時配合時代及社會發展之需要，因時因地制宜，保持彈性以期學以致用，人盡其才。

一九八一年十二月十六日為因應校務發展需要召開校務會議，特別成立「發展考核委員會」，當時希望將考核工作做好，因此特別成立專責單位，以考核重大計畫的實施績效。因為學校發展計畫是大家共同的事情，因此要分層負責，以發揮總體力量。

實踐於一九七九年五月正式奉教育部核准更改校名為「私立實踐家政經濟專科學校」，六年後於一九八五年六月起決定兼招男生，前者為因應社會變遷與商管人才培育的需求，必須擴大辦學範疇，以符合社會對商業人才的殷切需求，後者為因應男女平權與平等受教育時代的來臨，雖挑戰原有學校的教學生態環境，的確屬於謝孟雄校長一項大膽而且創新的教育決策，對該校日後整體性與均衡性的教育發展，產生了關鍵性的影響。

當時我擔任教務主任，負責學校兼招男生相關籌備工作，克服相當多的困難，例如設立男生廁所、調整課程設備等；因為謝校長向教育部長李煥要求三專改制為學院未獲核准，李部長竟然同意實踐附設五專，個人也躬逢其盛，負責辦理五專部，招收女生，學生程度非常優秀，辦了五屆，到一九九一年改制為學院，才停招五專，這是個人在實踐擔任行政主管所經歷過的一段曲折難忘的插曲。

2 受知於林澄枝校長

謝孟雄校長於一九七八年十一月卸任校長，轉任臺北醫學院校長，董事會聘請校友林澄枝女士接任校長，至一九八三年八月，共計擔任校長四年又十個月。此期間由於社會結構改變，時代環境也在變，該校由早期「實踐家專」改為「實踐家政經濟專校」，並採取二元雙軌制教學，此乃該校在轉型期中之教學特色。

林澄枝校長係實踐家政科第三屆畢業，曾至美國哥倫比亞大學研究所研究現代祕書事務管理，畢業後在美國擔任世界開發銀行祕書，一九六九年奉謝創辦人之命，返回母校任教。林校長是我一生中最重要的貴人，一九八五年二月邀請我回實踐擔任教務主任，一九九七年九月提拔我擔任副校長，乃至二〇〇一年八月推薦我擔任校長，她都是主要的推手。

有關林校長與謝校長國外留學經驗，臺大社會系廖榮利教授曾回憶撰文描述這段往事：「林校長系出名門，具有文靜、莊重的大家風範，她既能察納雅言而又善解人意，她把教育面與社會面相結合，不只在課堂上汲取新知，也從生活中去體會，回臺執教的意願非常高昂。」

林校長回到學校後，歷任教授兼祕書事務科主任、教務主任、主任祕書等職，並在東吳大學兼任英文教職。於三十九歲時接掌校長職務後，一本多年教學工作經驗，積極聘任優秀校友返校任教任職，讓學校規模日漸宏大。一九七九年六月完成編制擴大，校名改稱為「私立實踐家政經濟專科學校」，呈現一番新氣象。我當時擔任祕書科副教授兼語言中心主任，曾參與改校名，林校長所主持的多場會議，對她的優雅氣質、照顧同仁的慈愛及做決策的果斷與明快，感佩不已。

她是第一位把字母式英文速記法（ABC Speedwriting）帶回臺灣的人。這種新式速記法的優點是易學難忘，又可收到事半功倍之效。此外，對高等教育的看法，她認為：「高等教育重在啟發學生自動自發的研究，鼓勵學生追求他們所深感興趣的學問；家政教育所特別著重的是教育學生對社會環境能夠適應，及對我們社會生活的改良有貢獻，為學與做人應該等量齊觀，並且應該貫通起來。」

林校長的學術著述，有《字母式英文速記教學之研究與實施》、《工作環境與工作效率之研究》、《我國企業合併經營管理之研究》等，二十餘年來，林校長目睹學校茁壯成長，加上以校友身分治校，使她興起難以言喻的感觸，也更堅定了將學校辦好的決心。

在實踐教師心目中的林校長，賢淑端莊，處事沉著而又平實穩健，待人則寬厚誠摯、溫馨親切、平易近人，在學生眼裡更是敬愛景從的最佳典範。在校長任期裡，學校已進入突破發展的階段，除積極籌備升格學院外，在精神與物質建設方面，也均有具體而卓越的辦學成效。此外，值得一提的是她和謝校長是實踐「國際化」的先驅推手，不只與美國多所社區學院締結姊妹校，交換學生及教授，個人以校長英文祕書與語言中心主任身分負責與國外姊妹校的聯絡工作，並繼詹梅魁老師之後成為第二位奉派到美國擔任交換教授的老師。

林澄枝教授擔任校長時，剛好是校園民歌興起時期，民歌手蔡琴是夜間部美工科學生兼吉他社社長，她曾在音樂廳舉行一場大型民歌演唱會，當時民歌手全到齊，聽眾爆滿，包括林校長、謝文宜和我皆出席欣賞，兩小時演唱會一直「安可」到三小時才終止，全場觀眾如醉如癡，終身難忘。

林校長曾於《實踐四十年》祝賀文中回憶：

我是本校家政科第三屆的畢業生，到美國進修後，曾作短期的就業，即奉創辦人之命返母校工作，自一九六一年起任教本校，歷任祕書事務科主任、教務主任等職，一九七八年十一月起承接校長一職。我深受母校的栽培，能為母校微力回饋，與全體教職員一起努力發展校務，作育英才，這是一生最感榮耀的事，對創辦人的耳提面命、董事會的指導、校友的支持、同仁的協力，亦終身難忘無限感激。

從一九八九年出任婦工會副主任，林校長先後受李登輝、連戰兩位主席提攜，與宋楚瑜私誼更是深厚，李登輝的用人魄力與察納雅言、宋楚瑜的瞭解民意深耕基層、連戰的高瞻遠見、馬英九循規蹈矩與追求完美，林校長用女性特有的細膩角度，詮釋入微。《自由時報》「星期人物」曾稱譽其上臺、下臺，一貫保持優雅姿態，流露出的自然氣質與名門閨秀風範不留痕跡的「智慧」表現，才是眾人望塵莫及之處。

在擔任行政院文建會主委任內，特別重視文化植根工作，到任後首先倡行「書香滿寶島」工作，贏得「書香」主委美譽；又推動「社區總體營造」，經營良好的藝文環境；開創藝術巡演校園及鄉鎮社區工作，以擴大藝術欣賞人口等；同時秉持「經貿為骨幹、文化做先鋒」的理念，積極致力國際文化交流工作。一九九九年發表《文化白皮書》，為文化建設規劃出長遠方案。林校長內外兼美、福慧雙修，事業與家庭都很成功，二〇〇〇年九月，天下文化為其出版《真澄歲月：林澄枝的故事》。

林校長是實踐唯一以畢業校友身分出任校長職務者，從其生涯發展歷程，個人具體見證了「十年樹木與百年樹人」的最佳典範。一九八九年，五十歲時得到中國國民黨中央委員會的賞識，從學術教育界轉入政壇發展，先後擔任中國國民黨中央委員會婦女工作會副主任四年、主任三年，行政院文化建設委員會主任委員四年，實踐大學副校長，中國國民黨副主席六年以及總統府資政等要職。

3 親炙創辦人的教誨

謝創辦人（一九〇八年至二〇〇一年）原名謝進喜，字求生，祖籍福建漳浦縣。臺灣省彰化縣人，民前四年一月二十五日出生於彰化縣二水鄉。本人出生於彰化縣埤頭鄉崙子村，可說是臨近之鄉的彰化子弟，及長有機會親身追隨謝創辦人二十餘年，實屬此生最大榮幸。

謝創辦人曾描述童年生活對他的影響，說他生在一個小康的家庭，從小和家人過著農村簡樸的生活，在有山有水、有農田的環境中成長，對他日後親切隨和的個性影響很大。

謝創辦人從青年時期，即自取「求生」為名字，至少有三個意義：

1. 不向生活困境低頭，奮勇向上。
2. 發揮自己能力專長，克服生計困難。
3. 磨練自己語文專業，立足社會。因此，他藉著手中的筆與從小培訓的人文素養，正式開展他的人生歲月。青年時期的生活困境，大學時代的勤工儉學經驗，在在讓他奠定日後適應環境與卓越應變的能力。

他自己用「歸返」二字，來描述其一生中最重要的三個關鍵。第一次歸返，是為反抗異族，歸返祖國而歸，因此抱持祖國情結，決心西行求學。第二次歸返，是抗戰勝利臺灣光復，離鄉背井二十年後，終於能夠順利歸返家鄉，探望父母，算是得償所願的歸鄉。第三次歸返，則是他一生政治信念的實現，也是他人生志業的自我實踐，簡言之，即為建設臺灣為三民主義的模範省而努力，是一種人生信念的「于歸」。

而其核心的教育思想，即是源自於其青年時期的「求生哲學」及價值觀，簡言之，即是「勤工儉學」的辦學模式。可惜當時的時機與客觀條件都不足，他的辦學志業必須等待到他擔任臺灣省議會副議長時，因緣條件才具備，這就是興學實踐的志業願景與緣起。謝創辦人的人生哲理與辦學理想，影響本人至深。

嚴家淦主持省政時期，他原本有機會被負以重責大任，無奈因臺灣省臨時省議會黃朝琴議長的臨時離職表態，反而讓他步上十五年的議會問政生涯。事實上，這次職位上的重大轉折，反而帶給他一生中最好的機遇，因為造就他有開辦學校興學實踐的最好機會，讓他實現一生中最無憾的人生志業，讓「實踐家專」順利誕生。他十五年的議會問政期間，同時經歷及過渡三任軍人主持省政，那是一段必須貫徹「反共國策」的時期，也是戒嚴體制的時期。

謝東閔一生淡泊名利，雖然是在年過半百後，才被主政者屢次委以重任，但從無任何職位，是他主動求來的。自青年時期形成的民族精神與國家認同，幫助他在日後關鍵時刻，掌握住時代的大趨勢，因此才有機會在後半生「開枝散葉」，並成就其屹立政壇與豐碩的教育成果。

綜觀其前半生，可說與十四年的抗日戰爭相終始，也歷經九死一生的諜報工作，最後歸返家鄉，終於成就其終身志業，創辦實踐家專，我簡單歸納為八個字描述：「深愛教育，自立立人」。

此外，臺灣新聞界大老吳三連先生也曾說：「他（東閔）所著眼的起點，一如他的秉性，雖然很質樸，但行遠自邇，其真正理想卻是非常遠大。」這實是一句非常貼近謝創辦人人格特質的形容。

我到實踐擔任專任副教授時，謝創辦人剛膺選擔任中華民國第六任副總統，他偶而回學校，都有隨扈相隨，他利用機會向同仁們致詞，說明他創校初衷，勉勵大家，個人常奉派陪伴他，對他為國家為實踐的貢獻由衷感佩。

自古以來家為國之本，故《大學》有曰：「家齊而後國治，國治而後天下平」，是以家政教育之得失，乃國家民族興衰存亡之關鍵，兩者關係密切而重要。我國家政教育起源甚早，自現代教育學制訂以來，家政教育已有發展。然而近年來因經濟快速發展，工商進步，家庭型態與社會結構因而急遽轉變，已由保守的農業社會，轉變為開放性工商資訊社會，家庭倫理價值與功能，均須重新評估與檢討。然而回顧檢視謝創辦人的家庭思想及其家政教育理念，迄今仍是彌足珍貴。

中國的政治思想與道德精神是一體的，而政治哲學的特質，又是與倫理哲學合一，政治理想是在修明教化，使人人知道自求多福。所以可說謝創辦人創辦實踐專校不僅是服膺中國傳統政治理念的行為，也是家政教育理想的具體實現。

綜觀謝創辦人一生，可以歸納八個字形容：「投稿求生、從政辦學」。他一生享年九十四歲，卻橫跨了兩個世紀，出生於二十世紀初，逝世於二十一世紀的首年，等於見證了二十世紀的一百年間的世界歷史事件。

總之，謝創辦人將其一生對家庭的熱愛與家政教育的熱心延伸至政治生活的投入，從初期接收高雄州，繼任高雄縣長，進而擴展到省政建設藍圖的規劃與推動，最終將其一生的心力貢獻給整個社會國家，對臺灣省政建設的貢獻而言，可說是一位深具創意構想的政治家，也是一位身體力行的教育家，其一生的人文風範與人格特質，實令國人敬仰。實踐大學追求永續發展，除了應秉持及落實創辦人大公無私的教育理想外，亦屬於全體實踐人的共同責任，尤其是人文教育與博雅通識教育品質及師資的提升，更是不可或缺的一環。

4 任副校長派駐高雄

學校在升格過程，依教育部規定，學院校地須有十五公頃以上，臺北大直校區不到五公頃，新店文山校區有三十餘公頃，但被列入保安保護區，未能使用建校。適有高雄縣內門鄉地方仕紳，熱心教育，對學校的發展極為關切，亟欲學校購置該鄉腳帛寮段土地四十公頃，作為第二校區。

高雄內門校區位於高雄市北方偏東約四十公里處，車程一小時；距臺南市約三十公里，車程僅需四十分鐘。且內門鄉已規劃該地區為鄉村休憩遊樂區後，為臺三號公路、臺南旗山一八二號公路、旗楠公路的交會點，交通便利；就人文景觀而言，內門鄉是前清時代高屏地區文化發祥地，文風鼎盛，有萃文書院、紫竹寺，已具三百年歷史，而毗鄰的旗山鎮，原設有和春工專，已具大學城的雛型，實為設校興學的理想地區，因此選定為第二校區，並於一九九五年正式成立。

初期發展特色重點，包括延續學校的優良傳統，實踐既定的教育目標，配合國家政治經濟社會文化發展以及提升內門旗山社區文化與經濟建設。

我擔任教務長的任期於一九九六年七月屆滿，自同年八月起，改聘擔任研究發展室主任，一九九七年九月十七日起改聘擔任副校長，並派駐高雄校區，到高雄述職，對我而言，是一項考驗性的任務。當時我家住臺北大直，每週搭火車到臺南，再由司機接送到內門校區，或搭飛機到高雄，再由司機接送到內門校區，回程亦然，光是來回交通就是一項辛苦的工作。

高雄校區於一九九三年二月十七日舉行動土典禮，為配合校園興建工程，延後兩週至一九九五年九月二十四日才開學，當天還用臨時發電機發電。初創期間，個人擔任教務長，在方錫經校長領導下，進行相關申請新設學系及設立分部計畫，第一屆獲准設立二技三個系，無論軟硬體設施，均亟需全方位推動。至一九九七年六月八日高雄校區舉行第一屆畢業典禮。該校區規劃除配合臺北校區的整體發展方案設立學系外，更須兼顧南臺灣的差異化發展方向，相關學系規劃是重要任務，當時目標是期待發展成為一所具地方特色與競爭力的國際化大學。

5 校區整體規劃特色

校區整體規劃及發展狀況乃依據學校中長程計畫，由學校校舍興建委員會整體規劃，包括設計、整建現有校舍，評估、設計未來發展空間，力求整合傳統及前瞻，注重功能性發展，塑造實踐大學的新形象、新風貌。期盼藉由精緻化理想及宏觀性思維，構築優質的教學及研究環境，造就一流學府之規模，使南北校區同步競爭與均衡發展。

校區占地四十餘公頃，建築物共計十三棟，總樓地板面積五萬五千七百六十五平方公尺，其中行政教學大樓六棟、學生活動中心二棟、宿舍四棟及防空避難室一棟。校區內不僅有先進的教學大樓、安全舒適的學生宿舍，校園的綠化、美化更是一大特色。

進入大門的正對面，便是行政大樓，一樓挑空，作為非特定目的的多用途空間，垂直相交，成為校園生活的中心點。中央走廊第一層有頂，可避風雨日晒，第二層露天，整個下午都在大樓的陰影內，視野開闊舒適。所有學習空間，都集中在中央走廊的兩邊，如教學大樓、圖書館、電算中心、階梯教室、語言教室、會議中心、討論室，全部經由中央走廊進出。

高雄校區內建築強調符合高雄地理、氣候及人文環境的在地化建築特色，亦成為地景共生的最佳示範。主要建築及校園規劃係由建築師呂理煌設計、王俊雄建築師完成，其中學生活動中心及其附屬建築曾獲得臺灣《建築師》雜誌評選一九九八年度建築師佳作獎。

高雄校區初創時期只設置校區主任一人，由校長聘請蔡明收副教授兼任。置校區主任祕書一人，襄助校區主任推動高雄校區校務，由校長聘請助理教授以上教師兼任，當時校區最大難題是位處偏遠，專兼任師資聘請不易，校方都逐一克服了。

隨著高雄校區的發展規模逐漸茁壯，於一九九七年九月正式設置副校長職位，前後歷經五位副校長。十餘年間，從蔡明收擔任校區主任篳路藍縷的創建期，到陳振貴副校長的穩健拓展期，再到楊極東副校長與劉常勇副校長因應改大的轉型期，近十餘年來，在丁斌首副校長的帶領下，繼續朝穩健方向發展。

6 高雄校務初創有成

教育部於一九九六年度發表各私立大學校院中程校務發展計畫評鑑報告書，其中建議事項如下：

辦學理念力行實踐、修齊治平、世界大同誠屬一大特色。發展指標明確，並交由研發室進行管考，期保證計畫執行品質，惟可再加強具體落實的措施。臺北校區較為擁擠，大學部學生較不宜再增，惟高雄校區之發展可妥為規劃，並重視師資之延攬。系所條件尚稱充實，有關民生方面之系所已重點發展為學校特色，應予加強。師資結構已有改善，惟專任師資比例偏低，宜注意改善，以提升教學與輔導品質。

重視學生生活及心理輔導（高雄校區尤佳），建議擴及其他領域，如學習、輔導生涯規劃等。設有「學術研究委員會」，並訂有「學術研究獎助辦法」，近來學術研究已見改進，惟尚在起步階段，尚待積極鼓勵與推動。對建教合作著力甚深，合作對象廣泛，成果良好。推廣教育辦理積極，如能與相關科系密切合作，成果將更豐碩。

高雄校區的開發有助抒解校地、校舍問題，如能對南北二校區之資源，完善規劃調整，將更有助發展。行政電腦化、智慧化及兩校區校務資訊系統之整合、網路聯繫與提升皆有待持續努力。配合兩個校區之發展，在少子化來臨之際，財務應有具體規劃，並積極開源節流，以維持永續經營，的確面臨嚴峻的挑戰。

我在高雄校區擔任副校長兩年，幫忙洽租高雄市三民家商作為進修部學生上課場所，與高雄客運公司興建旗山站學生宿舍二百床，將該公司客運車引進校園，興建H棟宿舍、D棟教學鋼骨大樓及延聘多位外籍教師等。一九九九年七月參加靜宜大學遴選，順利獲聘為校長，因此離開高雄校區。

學校承租三民家商的租約於二〇一一年終止，為方便學生在高雄市區實習及活動並開設推廣教育班，於二〇〇六年起以每年一千五百萬元向中華電信在苓雅區苓南路承租一棟地下三層地上十五層樓城區部作推廣中心，此大樓後來也讓內門校區部分學系學生上課使用，但經人向教育部檢舉，被教育部以違法到校外上課為由加以處分，扣減一百萬獎補助款，並把高雄校區列管入專輔學校名單，經數次臨檢於改善之後才解除列管，這是實踐大學辦學歷史中的一大汙點，值得警惕。

7 南北分工相輔相成

方錫經校長對本校的推廣教育、人事制度、會計系統、師生比例等四大優點，有深入瞭解，給予高度肯定。同時表示將致力羅致國內外學者專家、傑出校友來校任教，以強化教學研究陣容，提升教學品質，提高學術研究風氣。

針對「設計管理」的宗旨，在課程安排上應以人文教育、專業教育、生活教育、資訊教育並重。對於校務發展計畫，他擬定了近程目標：設立研究所，積極爭取增班，以培養師資及加強學術研究；羅致國內外高學位人才，並延攬傑出校友回母校任教；增設三專畢業校友補修學分班完成學士學位，為校友開闢進修的機會。其中，增班：充分利用現有教學空間、師資設備，積極爭取增班。同時，他也期勉全校教職員應攜手共進，朝一流大學的理想邁進。

方錫經校長在接任後，一本穩健經營原則，同時為因應升格後各種制度規章之建立，投入了相當多的心力，此期間適逢高雄校區硬體建設之高峰期，在財物運作上必須南北兼顧，以期均衡發展。

高雄校區教學特色規劃為：強調客戶導向的課程設計；全校區課程整合；重視地方特色、發展文化創意產業；國際化接軌學程；成立研究中心；設置高雄市城區部。當時個人擔任教務長、高雄校區副校長，盡力協助他完成所有相關的計畫。

二〇〇八年度設立「商學與資訊學院」及「文化與創意學院」。教學特色規劃為：強調客戶導向的課程設計；全校區課程整合；重視地方特色、發展文化創意產業；國際化接軌學程；成立研究中心；籌設高雄市城區部；營造快樂安全、舒適優美的學習環境。現階段在發展上尚待努力的問題，著重於師資、招生及特色三大方面。

在師資方面，除積極提高待遇與研究獎勵外，也改善各項軟硬體研究設施，並禮聘各領域學有專精之退休資深教授，以帶動研究風氣。此外，也積極延攬外籍教師及國際化人才，諸多課程採全英語授課，以擴展同學國際視野並提高英語之能力。在招生方面，北高兩校區平均新生報到率亦維持在百分之八十八以上，因此如何在改善師資、建立特色的同時，採取有效的招生策略以維持報到率，亦是待努力的重點。

8 謝孟雄回任校長職

謝敏初董事長自二〇〇〇年一月接任實踐大學董事會董事長職位，至二〇〇五年十二月卸任。謝孟雄校長則於一九九九年二月一日第三度回任校長職位，直至二〇〇五年七月三十一日卸任校長，前後擔任校長五年半，至同年十二月才接任董事長的職位。

一九九七年十二月十二日我與黃博怡學務長、丁斌首主任聯袂赴美加訪問該校南加州、北加州校友分會及姊妹校Webster University，並成立紐約、華府、溫哥華校友會分會。

正好謝孟雄回任校長職位，加上當時有天主教臺中教區、靜宜大學校友會及單國璽樞機主教的推薦，因此我才有參與靜宜大學校長遴選的考驗，離開實踐期間已是謝校長任內。一九九九年六月一日《聯合報》報導靜宜大學新校長選中陳振貴，至一九九九年七月一日正式擔任靜宜大學校長。當時選擇離開實踐的關鍵性因素，係屬自己新的生涯規劃的選擇，參與靜宜大學新校長遴選時程約需六個月。

依據《財團法人實踐大學捐助章程》第十三條規定，董事會職權如下：一、捐助章程之變更。二、董事之選聘及解聘。三、董事長之推選及解職。四、監察人之選聘及解聘。五、校長之選聘、監督、考核及解聘。六、依私立學校法第四十六條第二項及第三項規定，為有助增加本法人所設學校財源之投資等。

此外，依據《私立學校法》第二章第十條捐助章程應載明下列事項：

第七款：董事會之組織、職權、開會次數、召集程序、會議主席之產生、決議方法、董事有利害關係時之迴避等運作事項。

以及第八款：監察人總額、資格、職權及選聘、解聘事項。均有相關規範。

關於董事會董事長與校長的職責劃分，二〇一三年五月九日教育部特別以臺高（一）字第1020087680號函，正式通函周知全國各私立大學，明確說明董事（會）長對學校之監督方式，應採事後監督，其中並指出是依據《私校法》41-3條及《施行細則》31-2條之規定；目前全國有一百一十一所私立校院，除了少數大學，大部分董事會都由董事長自己或派人在校，且大部分直接介入個案。教育部無暇管到這些細節，只要私校不要有嚴重違法事件，或遭人檢舉，主管單位始終睜一眼閉一眼，上述法規幾乎等於白設，實在值得深入檢討。

歷屆董事長任期列表

姓名	年度	任期
謝東閔	一九五八年二月至一九六七年六月（第一至四屆）	九年四個月
林熊祥	一九六七年六月至一九七三年三月（第五至六屆）	五年九個月
林東淦	一九七三年三月至一九七八年十一月（第七至八屆）	五年八個月
郭國銓	一九七八年十一月至二〇〇〇年一月（第八至十二屆）	二十一年二個月

謝敏初	二〇〇〇年一月至二〇〇五年十二月（第十三至十五屆）	五年十一個月
謝孟雄	二〇〇五年十二月迄今（第十六至十九屆）	十五年

9 離開實踐十二年頭

我自一九九九年七月一日應聘靜宜大學校長職，至二〇一一年八月一日接任實踐大學校長職務，前後剛好十二年。若從一九七四年九月淡江研究所畢業起算，到接任實踐大學校長職位，中間相隔了三十七年，其中有十八年是在實踐校園歷練，對整體校務發展已累積豐富的行政經驗。尤其後面十二年間，雖然不在實踐任職，卻因歷經兩所大學校長的職務考驗，反而累積更成熟的大學治理經驗及領導能力。

實踐大學是「優久聯盟」創始會員學校之一，臺北市私立校院規模若以學生人數排序，文大、銘傳、世新、實踐、東吳為前五名。若以二〇一九年度「優久聯盟」學生人數名次排序，依序為：輔仁大學（二萬六千一百七十六人）、文化大學（二萬五千一百八十六人）、淡江大學（二萬四千六百三十五人）、銘傳大學（一萬八千七百九十一人）、東吳大學（一萬五千零二十四人）、實踐大學（一萬三千五百五十五人）、世新大學（一萬一千一百五十四人）、臺北醫學大學（一萬零四百五十四人）、大同大學（四千一百四十六人）。

實踐大學就學生人數與學校規模，排序均位於中段，無論公私立校院相互競賽是相當激烈，尤其在生源方面，更是短兵相接，自二〇二〇年起臺灣大專校院陷入少子化的生源斷崖，如何維繫生存與永續經營，已成為各校共同的挑戰。「優久聯盟」大學共有十二所，以教學資源共享及交流合作為目標，持續發揮私校對高教之影響力，如果實踐大學在這一波少子化競爭浪潮中不能挺住生源的大滑坡，其未來的前途，實在令有識者憂心。

10 我在實踐服務履歷

我曾於《實踐四十年》詳實記錄服務實踐四個階段之歷程：

我自一九七四年到實踐任教，至今已屆二十四年，欣逢實踐四十週年校慶，我願藉著特刊的寶貴篇幅，來訴說個人的經驗與感言，或可當作實踐的軼事與歷史的補白。為配合特刊的體例，僅將個人近四分之一世紀的實踐經驗分四階段說明：（一）擔任講師．首度留美（一九七四至一九七八年）；（二）行政歷練．赴美交換（一九七八至一九八四年）；（三）教務主任．開辦僑校（一九八五至一九九三年）；（四）歷任要職．伴隨轉型（一九九三至一九九八年）。

一九八五年二月一日我再次回到實踐擔任教務主任，在謝孟雄校長的領導與充分授權下，協助校長完成了例行的教務與部分校務發展工作。

此期間，我與總務主任張簡明助與訓導主任楊乃彥博士合作無間，教務處同仁自評為實踐有史以來三長陣容最堅強的組合。這階段本校權力結構屬權威時期，校長有權、主任有能，尤其教務主任的腳色如同學校的「行政院長」，很容易發揮行政整合與領導的功能。

一九八五年六月五日謝孟雄校長主持七十三學年度第二學期校務會議，恭請謝東閔創辦人蒞臨指導暨致詞，內容十分精闢，個人將內容摘述來和讀者分享，特別和實踐的同仁共勉。謝創辦人致詞：

大家要盡量互相「配合」，摒除本位主義，發揮團隊精神；不要作「三個和尚」，要作「三個臭皮匠」；每個人不但要有說話的勇氣，還要有聽話的雅量；每次開會一定要有「結論」。學校之好壞，大家有責任；重視「人盡其才」、「地盡其利」、「物盡其用」、「貨暢其流」，天生我才必有用，使每人發揮其潛在之才能；臺灣「人礦」豐富，天然資源缺乏；設法啟發同仁及學生之才能，關心社會，使人人有事做到「人無一個閒，地無一寸荒」，以及要「大處著眼，小處著手」。

上述領導人處事哲學，實在是他老人家的人生智慧，對個人而言，真的受用無窮。當天，謝孟雄校長作結論，要求每位與會主管須會作計畫，每季應作檢討。

一九九三年三月十六日方錫經校長繼任校長，謝孟雄校長出任監察委員，同年三月二十一日我返校參加學校三十五週年校慶活動，七月舉家返國定居，八月一日獲聘擔任教務長。不過早在一九九三年四月十三日《世界日報》即刊登實踐學院延攬歸國學人陳振貴博士出任該校教務長。

在方錫經校長領導下，該校為因應一九九四年一月新《大學法》公布實施及改名大學，在教務、總務、學務、校務管理方面都做了很大的變革。成立三十幾個委員會，分層負責，逐級授權，治理校務。其中最具歷史意義為：一九九五年九月二十四日高雄校區的成立；其次是一九九七年八月一日學校奉行教育部核定改名「實踐大學」。

綜上，我自一九八一年七月至一九八五年一月間，奉派赴美擔任巴沙迪納社區學院交換教授三年半，一九八五年二月至一九八七年七月奉學校召回國，擔任實踐專科學校教務主任二年半；一九八七年七月至一九九三年六月再次赴美擔任洛杉磯鳴遠中文學校校長六年，於一九九三年七月至一九九九年七月再度回實踐擔任教務長、研發長及高雄校區副校長，前後亦達六年。二〇一一年八月再度回實踐擔任校長至二〇二〇年七月止，共計九年。前後有二十一年，在實踐這個大家庭服務的歲月裡，我自信俯仰無愧於職責。

第六篇

執掌靜宜　初任校長

——處於靜宜關鍵轉型時刻

1 靜宜創校沿革

一九〇六年靜宜創辦人蓋夏姆姆（Sister Marie Gratia Luking）加入美國印地安那州聖瑪利森林的主顧修女會，一九二〇年蓋夏姆姆應開封譚主教（Bishop Joseph Tacconi）之邀請，與另外五位主顧修女會修女抵達開封傳教，並開始她們的教育生涯。一九二一年於河南開封創辦華美女子中小學。一九三二年於河南開封創辦靜宜女中。一九三七年中日戰爭爆發，所有學校被迫關閉。蓋夏姆姆帶領所屬修女參加救護傷兵工作，並開放靜宜校園收容難民，提供醫療與照顧。

一九四八年蓋夏姆姆來到臺灣，開始積極投入復校的事宜；次年在臺中市自由路開辦「天主教英語學校」；一九五六年正式向教育部立案成立「靜宜女子英語專科學校」。一九六二年靜宜女子英專獲准改制為「靜宜女子文理學院」並設立夜間部。一九八七年遷至臺中縣沙鹿鎮現址，以符合成立大學之條件。一九八九年改制大學，並改名為「靜宜女子大學」。一九九三年開始兼收男生，改名「靜宜大學」。

靜宜大學校名的「靜宜」二字取自創辦人蓋夏姆姆的中文姓名「陸靜宜」；英文校名「Providence」（有「上主看顧」或「天主保佑」之意）則來自於主顧修女會的英文原名「Sisters of Providence」，以感念主顧修女會修女們的付出。

歷任校長列表

姓名	年度	任期
何靜安	一九五六年至一九五七年	一年
龔士榮	一九五七年至一九五九年	二年
蔡任漁	一九五九年至一九七一年	十二年
郭藩	一九七一年八月至一九九〇年七月	十九年
徐熙光	一九九〇年八月至一九九四年一月	三年
李家同	一九九四年二月至一九九九年六月	五年
陳振貴	一九九九年七月至二〇〇二年七月	三年
俞明德	二〇〇二年八月至二〇一〇年七月	八年
唐傳義	二〇一〇年八月迄今	十年

2 靜宜歷任校長

一九六三年靜宜女子英專以辦學成績獲准升格，改制為「靜宜女子文理學院」，設中國文學、外國語文學、商學及數學等四系；更增設夜間部，設外國語文及商學二系，成為當時全臺唯一的女子學院，亦是中部第一所開設夜間部的學院。就在校務與校譽蒸蒸日上之際，蓋夏姆姆卻因積勞成疾，於一九六四年蒙召升天。

一九七一年，郭藩蒙席繼任校長，力求更張，推廣校務；一九六六年至一九八八年之間，日間部化學系、食品營養學系、資訊科學系、西班牙語文學系、應用化學研究所、外國語文研究所、青少年兒童福利學系、觀光事業學系、應用化學系博士班，商學院之國貿組、會計組及企管組獨立成系，另增設管理科學研究所及食品營養研究所。

一九八七年秋季，該校遷至臺中縣沙鹿鎮現址，新校區廣闊近達三十甲，軟硬體建設俱足，有行政大樓、圖書館、學生活動中心、宿舍及各學院大樓，另有室內溫水游泳池、綜合球館、羽球場等運動設施。至此，各院系所師資陣容堅強，各項設備齊全，綜合大學規模具備。因此，一九八九年七月一日，奉准升格為「靜宜女子大學」。

一九九〇年七月十日，徐熙光神父繼任校長。外文系之英文與西文兩組奉准各自設系。隔年，夜間部商學系分設為企業管理學系、國際貿易學系及會計學系。一九九二年復於夜間部增設資訊科學系、青少年兒童福利學系。一九九三年九月增設觀光事業學系，同年更名為「靜宜大學」，並開放招收男學生。

一九九四年二月李家同教授獲聘接掌校務，同年夜間部增設食品營養學系。一九九六年青少年兒童福利學系碩士班及中國文學系碩士班獲准成立，同年設立華語文教學中心，招收外籍學生修習中華語文。一九九七年十月綜合教學大樓興建完成，正式啟用。

靜宜大學於一九九七年為紀念臺灣發生之重大歷史事件，於「二二八事件」五十週年時，由教師會鄭邦鎮教授與校內師生，邀請林義雄、怒佛等校外人士，共同於校門前大草坪上種下二百二十八株楓香，並於周邊植下數十株的楓樹蔚為林狀；其後，在我任內於二〇〇一年在伯鐸樓（文學院）門前豎立

「二二八事件」紀念碑，由校長具名，作為永久紀念，成為國內首間豎立「二二八事件」紀念碑的大學。

3 首任校長歷練

一九九九年七月我成為靜宜大學首任經公開遴選的校長，也是該校第七任校長，同年增設日本語文學系、財務金融學系、西班牙語言學系碩士班、食營系博士班及企業管理學系高階管理碩士專班。二〇〇〇年並增設生態學研究所。二〇〇一年增設觀光事業學系碩士在職專班、企業管理學系高階管理碩士班醫務管理組。

我於二〇〇二年七月校長任期屆滿，在擔任靜宜大學校長三年期間，除以培育人文素養為核心，積極增加藝術中心之收藏品外，多次訪問旅居美、加、日本靜宜大學校友，成立新校友會，凝聚校友向心力。此外，還大力推動師生志工服務，打造「志工靜宜」特色，致有教育部倡導「服務學習」之政策，對此我可算是該政策積極推動者之一。

二〇〇〇年五月十九日我在擔任靜宜大學校長時，曾頒授榮譽博士學位給東帝汶貝洛主教（諾貝爾和平獎得主），旋於澳洲返回臺灣途中，前往該國訪問，之後募資邀請其反對黨領袖薩維爾先生來臺訪問，積極關懷東帝汶受難人民。我在一九九八至二〇〇二年擔任臺灣天主教教友傳教協進會主席，對福傳策略與經院哲學有深入研究，於二〇〇三年獲頒教廷聖西爾維斯特爵士，二〇〇七年獲頒梵蒂岡宗座聖多瑪斯研究院院士。

我在校長任期三年內，邀請唐貞貞建築師針對校園進行長期發展規劃，前後召開十一次各級會議，完成各系所學院發展完整藍圖；編列六億四千萬元興建完成四大工程建設：思高學苑（男生宿舍）、方濟樓（生態大樓）、格倫樓（食營大樓）及蓋夏圖書館擴建；通過ISO 9001:2000品質管理認證，為學校日後發展奠下雄厚的基礎。並積極拓展國際交流，參加亞洲及東南亞世界天主教大學聯盟，奠定該校國際化的良好基礎。

思高學苑（St. Bosco Hall）紀念聖若望鮑思高而命名，他是一位獻身於男孩養成教育的神父。現有五百四十三個學生床位，為男生宿舍以及學人宿舍。格倫樓（Theodore Guerin Hall）紀念主顧修女會創辦人聖狄奧多．格倫姆姆而命名，為食品營養學系、觀光事業學系、創新育成中心所在。方濟樓（St. Francis Hall）紀念天主教生態守護聖徒聖方濟，亦有周濟四方之意，大樓內設有生態人文學系及惠三廳。

俞明德校長在我之後，擔任靜宜校長期間，繼續秉持「全人陶成、專業領航」辦學理念，以「志工靜宜」為校園核心價值，培養學生具備卓越學識及社會責任感，創新設立的「服務學習」課程，讓靜宜成為全國標竿志工學校。之後由唐傳義繼任校長，每位校長都各展長才，為該校立下永續發展的雄厚基礎。

4 撰述校慶祝辭

我於靜宜大學創校四十五週年校慶時發表祝辭〈飲水思源、日新又新、邁向卓越〉：

本人有幸擔任本校第七任校長，也是首位經由遴選程序產生的校長。在本校知天命之年擔任校長，自有其承先啟後的任務與使命。

在校地方面，本校編列預算增購校地，以合理的價格將校園內及鄰近的私人及國有土地逐漸併購，包括校內國有牛車道等，光是二〇〇〇年度就完成過戶手續土地三筆（地號0142-0008、0043-0001、0044-0002）價值124,458,231元，本人領導學校專心傾力經營沙鹿總校區，希望校地由目前的28.3705公頃未來擴充至50公頃左右。為了使校地之使用更具前瞻性，我們花了將近一百萬元，請唐貞貞建築師完成了校園整體規劃。

我們先後組織了「校園整體規劃委員會」、「校務發展計畫建築委員會」及「建築專案小組」，規劃並審議了四大新建工程：（一）男生宿舍；（二）臺灣生態暨人文資訊館；（三）圖書館擴建；（四）食品營養系實習工場，期待將本校建設成為一個空間充裕，美輪美奐的校園。

在系所發展規劃規模方面，學校經歷十一次會議討論，於二〇〇〇年十月三十一日獲董事會修正通過，未來四年本校在不增加大學部學生總數的原則下，將分設四個學院：（一）人文社會學院：八系八所；（二）管理學院：六系四所；（三）理學院：四系三所；及（四）資訊學院：三系三所，將來可再從人文社會學院中分設「外語學院」。目前師生比為二十六點五，尚待改進，未來助理教授以上之師資尚待增聘六十至九十位。

在鼓勵教師研究與進修方面，學校訂有多種獎勵辦法，目前已有顯著成果，但仍須不斷努力。在人事方面，我們編列六十萬元的經費，並且設置專案小組針對全校人力資源與員額編制進行研究與規劃；設置「教職員工福利委員會」，增加各項教職員工福利；同時更編列一百萬元經費設置校務發展整體規劃專案小組，針對學校未來整體校務發展（Master Plan）進行研究與規劃。

在行政革新方面，自二〇〇一年暑假起，學校十個行政單位全面推動ISO 9001:2000行政品質制度；以「務實」、「熱忱」、「效率」、「創新」、「卓越」為行政品質政策之總目標；同時，學校也開始實施行政公文電子化，以提高行政品質與效率。

在教學方面，本校持續要求大學部學生一律修習四年英文；恢復系院集會（原名週會），重視學生人文素養社會關懷、國際觀及資訊教育、強化大四學生學習品質、重視學生第二專長與教育學；同時開辦中學、小學及幼教等三個學程，以「全人教育」為目標。

目前學生自治會與學生議會組織及運作皆十分健全，學校有八十多個社團，讓學生從活動中學習成長。本人希望以落實「志工靜宜」為目標，特別鼓勵學生加入服務性社團，參與校內外志願服務工作。

靜宜向來重視與國內外各大學校院、政府機構與學術研究機構之間的學術合作，近年來更是積極進行國際與兩岸間學術交流活動。本校除了以往簽署的九所姊妹校外，兩年來又增加了三所姊妹校（西班牙瓦拉多利大學、匈牙利天主教大學、中國東華大學）。為配合慶祝本校創校四十五週年，我們於二○○二年十一月二十九、三十日舉辦了「靜宜大學國際文化交流與校際合作論壇」，同時又與六所大學簽署姊妹校（Australian Catholic University, Australia、Shirayuri College, Japan、The University of Montana, U.S.A.、University of Northern Colorado, U.S.A.、Universidad Santo Tomas, Chile、Universidad Catolica de Honduras, Honduras），本校教師及學生不僅可以因此更瞭解其他國家文化，亦可促進學生參與不同國家的學習及生活，增進語言能力，以便強化國際學術交流。

回顧靜宜的過去並展望未來，靜宜從創校直至今日，經過四十五年的努力，已成為一所頗負盛名的大學，其中校友的默默耕耘及貢獻實功不可沒。本校目前共成立了國內的北、中、南三個校友會，在國外部分也分別成立了美東區校友會、大華府區校友會、芝加哥區校友會、北加州校友會、南加州校友會、德州校友會，以及二〇〇五年四月八日在加拿大溫哥華成立的校友會，而校友總會也於二〇〇〇年五月在靜宜大學校區設立，近期內本校將在日本東京地區成立另一個校友會。

有校友曾說：「參加校友會才會讓自己回到學生時代的快樂時光」。相信靜宜大學在這些積極而樂觀的校友協助下，由於全體師生員工的努力，共創靜宜大學的願景：「邁向臺灣的柏克萊」，是指日可待的。

值此靜宜人慶祝四十五週年校慶之際，本人熱切的期盼大家飲水思源，一方面感念創辦人及主顧會修女們的創校事蹟；一方面要效法創辦人勵行耶穌基督之博愛精神，無私無我地為貢獻靜宜這所天主教大學而努力。

今天我們生活在二十一世紀開放而又多元的社會，面臨著國內外與中國大陸大學的競爭與挑戰，我們不但要圖生存，更要求發展。本人至望全體教職員工生及校友，能夠同心協力，把靜宜辦得更好，使它成為一所具有特色、世界一流的精緻型天主教大學。

5 闡揚辦學理念

該校秉承天主教利他與關懷弱勢精神，以「進德修業」為校訓，致力於全人教育，以「培育具有國際觀、專業就業能力及利他思維之社會公民」為教育目標，以茲培育出能踐行美德、追求知識真理與專業學識，提升個人價值並能增進社會福祉的好公民。

為達致此教育目標，學校訂定學生具備四種基本素養與七項核心能力。藉由各學系（所）開設的專業課程、通識教育課程，以及舉辦相關課外活動，教養學生「涵育良善美德」、「尊重多元文化」、「追求專業學識」及「探索生活知能」之四種基本素養。依據教育目標與基本素養，發展出七項校級核心能力，分別為「生命省思能力」、「藝術欣賞能力」、「社會關懷能力」、「人際溝通能力」、「主動求知與解決問題能力」、「運用專業知識能力」及「善用科技能力」，期能確保學生發展終身學習之重要關鍵能力。

現階段該校以「卓越教學、特色研究、國際化、社創精神與社會責任、優化組織效能與環境」五大校務發展重點，從教學研究與行政治理兩方面研訂校務發展方針與行動方案，用以體現「成為一所具社會責任、卓越教學及特色研究之國際化大學」的學校願景為目標。我非常榮幸能在靜宜大學關鍵轉型時刻擔任該校校長，更樂見該校近年來茁壯成長為辦學非常績優的大學。

第七篇

鷹揚嶺東　改名科大

——嶺東脫胎換骨，氣勢高漲；成為技專領袖

1 接掌嶺東校長

一九六四年十月，私立嶺東會計專科學校正式招生，共計招收五年制會計科四班兩百名，統計科二班一百名，十月二十八日正式開學。學校命名為「嶺東」含括了幾個意義，其一是兩位創辦人蔡亞萍博士與黎明博士的故鄉廣東梅縣位於五嶺之東，自古以來就有「嶺東」稱謂，以此為名有遙念家鄉之意；其二是學校在相對位置上，居於「成功嶺」之東。

位於臺中市的嶺東科技大學及嶺東高級中學，自一九六四年起，陸續為梅縣鄉賢故國大代表蔡亞萍博士及黎明博士伉儷秉持教育興國理念與熱忱所獨資創辦。揭櫫為國育才之宗旨，並以「學以致用，誠以待人」為校訓，創校以來，已屆滿五十六年之歷史，和犁頭店社區大學統稱為「嶺東學園」。

一九六四年蔡亞萍博士及黎明博士伉儷獨資成立嶺東會計專科學校，設有會計、統計、工業會計、銀行會計、財務會計等五科。一九六七年增設國際貿易科、企業管理科、銀行保險科，並更名嶺東商業專科學校。一九九四年增設財務金融科、財政稅務科，電子資料處理科改名資訊管理科。

一九九九年改制為嶺東技術學院，設有企業管理系、資訊管理系、商業設計系。二〇〇一年八月，增設保險營運系、銀行保險系、財務金融系、國際貿易系、行銷與流通管理系、會計系、財政稅務系、資訊傳播設計系、商業文書系，商業設計系改名視覺傳達設計系。同年，依照科系性質成立管理、財經、資訊及設計等四學群。

2 受知於黎董座

黎明博士（Dr. Li Ming），一九二〇年十月十一日出生於馬來西亞怡保，一九二七年隨祖母及母親返回廣東梅縣，黎明的父親則留在馬來西亞工作。由於與母親長期朝夕相處，因此更加深了母女的親情。所以不論是結婚之後、大陸內戰、移居汕頭、香港，乃至最後定居臺灣，黎明都將母親帶在身邊奉養。

黎明婚後鼓勵夫婿蔡亞萍博士從事教育、律師及創辦報紙等工作。尤其是在對日抗戰期間，總希望為人民、為國家，克盡知識分子的良知良能。她自己則扮演著卑微的角色，操持家務，做飯、洗衣、挑水、下田，無役不與。雖然早年的生活是艱苦的，但在黎明的內心深處，卻是甘之如飴。

在這段期間，黎明陸續完成了中學與大學的學業，求學期間，她熱愛中西文學，不管是為了求生存、柔中帶剛的《小婦人》，抑或是既聰明，又倔強不屈的《亂世佳人》，都讓黎明獲得深深的啟發。日後在面對每一個生命抉擇的關口時，黎明都能不畏挑戰，勇敢迎接每一個到來的艱辛，做自己生命腳本的女主角。

一九五一年黎明賢伉儷遷居臺灣後，曾向教育部申請恢復設立「民治法學院」，惟因政府當時並不同意開放新設立大專學院，而未能如願。直至一九六一年，臺灣因須拓展國際貿易，朝向國際經濟社會發展，政府也為培養經建人才，乃鼓勵私人興學開放設立五年制專科學校。夫妻二人於是開始積極尋找建校土地，希望一秉初衷實踐興學的理想，教育學子培養人才，幫助清寒學生求學自立。

一九六三年教育部正式通過了嶺東設校的申請，最初的校名是「私立嶺東會計專科學校」，一九六七年更名為「私立嶺東商業專科學校」，並取「學以致用，誠以待人」二語，定為校訓。黎明賢伉儷終於在臺中市南屯區一片荒蕪的土地上，實現了教育的志業與夢想。

黎明對老師們經常叮嚀的一句話是：「只要是學生需要的，老師一定要全力以赴。」她治校的作風十分嚴謹，堅持公平守法原則，一切依法行事，該怎麼做就怎麼做。

二〇〇〇年時，她提出一項別具意義的構想，即將當時嶺東技術學院（二〇〇五年改名為嶺東科技大學）與嶺東中學做功能性的整合，再向下設立小學、幼稚園等教育單位，向上完成研究所碩士班與博士班的設置，另成立犁頭店社區大學，構築深具社區統合架構的「嶺東學園」。她的構想目前在小學及博士班的部分，仍在規劃階段，其餘均已完成，並由張台生教授擔任總執行長。

為了儘早實現這個宏規遠舉，黎明在我擔任校長期間還捐出私人名義下的一筆一公頃，市價約達新臺幣四億元的土地，並全力支持協助學校在距離學校僅四百公尺的範圍內，覓得將近十五公頃的台糖公司土地，並完成相關租用程序，開發為第二校區（寶文校區），冀盼提供師生最好的教學與研究環境。

黎明曾榮獲教育部推薦為全國私校十大教育家，同時登榜的有南華大學的星雲法師、輔仁大學的單國璽主教，除了黎明外，其他均有雄厚的財力或教會關係，而黎明憑的就是對教育的熱忱、勤奮的雙手，以及超凡的毅力。

歷屆董事長列表

姓名	年度	任期
黎明	一九六四年至一九七五年	十一年
黃鐘	一九七五年至一九八三年	八年
黎立強	一九八三年至一九九二年	九年
賴增迎	一九九二年至一九九六年	四年
黎明	一九九六年至二〇一三年	十七年
張天津	二〇一三年迄今	七年

歷任校長列表

姓名	年度	任期
蔡亞萍	一九六四年至一九八五年	二十一年
黎明	一九八五年至一九九六年	十一年

郭宗浩	一九九六年至二〇〇二年	六年
陳振貴	二〇〇二年至二〇一一年	九年
趙志揚	二〇一一年迄今	九年

3 重視四化教育

自二〇〇二年八月我接任嶺東技術學院第四任校長後，為求學生兼具學習、實務及宏觀思考的學養，遂提出辦學「四化」的理念與方針：全人化、專業化、資訊化及國際化。

在全人化方面，循序漸進由通識教育著手，成立「通識教育中心」，進行專業科目外的課程安排，學生可依興趣，學習自己想多瞭解的領域，課程涵蓋文學、史學、哲學、和現代科技等。另外，成立「藝術中心」和「數位藝廊」，軟、硬體的設備上都提供全人教育的場地。定期的展覽和講座，給予全校師生發表的空間，更有許多校外活動。我熱愛收藏文物，帶頭舉辦古文物展，提供學生多元的教育環境。同時強調潛在課程的學習，例如參加社團活動、班級幹部、志工服務等，以求達到全人發展的目標。

在專業化上，廣設專業學程，在實務、實習、實作的三明治教學下，鞏固專業領域。如培養第二專長技能，還有與勞委會合作的就業學程計畫，保障學生未來的工作權。而每年的出訪、考察、實習，提升學生主修科目的專業素養。另外，學校聘請教師要有兩年以上實務經驗，讓嶺東擁有實務教學的老師達到全校三分之一，紮實的課程和優質的師資並強調實務與理論的結合，讓嶺東日校的學生，平均每人擁有一點五張專業證照的持有率，以務實致用為目標使學生具備兩種以上的專長，畢業即可到職場就業。

在資訊化上，「嶺東e化」計畫，全面進行五年七千七百萬e化工程，購進SUNFIRE6800大型主機及國際級Oracle資料庫，建立嶄新的資訊網路中心，新一代的校務行政管理系統，公文e化大量提升行政效率、無線上網和數位學習的建置，每學期至少開一門課程的線上學習，提供教師學術研究以及學生學習平臺的空間，塑造便利及高效能的數位學習研究環境。

在國際化上，為落實國際化的步伐，除了建立國際化的課程、師資、國際合作交流機制，嶺東全面推展國際教學研究、進修及產學合作，積極開放外籍學生的招收，目的在提供更多雙向互動的學習環境。設立日校生全民英檢畢業門檻，配合英文專屬的課程和教材，兩年的必修英文外，學生從一到四年級都可選修到英文相關課程，讓外語學習沒有斷層。另外，嶺東更與日本、美國、韓國、越南、智利、匈牙利、馬來西亞、中國、菲律賓等國之大學建立姊妹校合作關係，進行各項師生國際學術交流活動。

4 發起三方論壇

為將嶺東推向國際，於任內由我與張台生總執行長發起推動的三方論壇，從二〇〇六年與智利聖多瑪斯大學羅赫德董事長（Gerardo Rocha）及廣東外語外貿大學隋廣軍校長舉行第一屆臺、中、智三校國際論壇（U3 International Conference）之後，已陸續舉辦了五屆三（六）方論壇，藉著學術文化的交流，將該校推向國際化的顛峰。而且二〇一〇年國企所童玟雅同學更獲得該校及智利聖多瑪斯大學企管碩士雙聯學位，可謂創舉。

為促進國際學術文化交流，該校曾先後與美洲、亞洲、澳洲、歐洲等多所知名學校締結為姊妹校或建立學術交流合作關係，近年來更以積極拓展新南向國家及大陸地區交流為重點，招收大陸學生及僑外生，固定舉辦兩岸學術研討會，以加強交流成效。

嶺東科技大學創設初期，係以日間部五年制為主，一九六五年始增設夜間部；一九八八年後又陸續增設二年制日夜間部各科，一九九七年奉教育部核准成立進修專校，並開始籌設技術學院。

5 成為技專領袖

我基於對教育公益的熱心及奉獻，於二〇〇九年獲選接任「中華民國私立技專校院協進會」第四屆理事長，任內對開放陸生來臺就學以及攸關私校教職員退休生計的相關法案推動也全力以赴，略有成效。在過去九年因為有同仁們的襄助，一同在嶺東共創歷史，使嶺東脫胎換骨，氣勢高漲，成為一所卓越科大，獲得各界肯定。

我在嶺東校長任內，先後於二〇〇二年八月至二〇一一年七月，擔任財團法人技專校院入學測驗中心基金會董事。二〇〇九年一月至二〇一〇年十二月，擔任教部育高等教育永續發展委員會委員。二〇〇八年八月至二〇一一年七月，擔任財團法人高等教育評鑑中心基金會董事。二〇〇八年八月至二〇一〇年七月，擔任四技二專聯合甄選委員會主任委員。二〇一〇年一月至二〇一一年七月，擔任教育部大陸地區學生來臺就學審議會委員。二〇一〇年一月至二〇一一年七月，擔任陸生聯合招生委員會常務委員。二〇〇九年一月至二〇一〇年十二月，擔任中華民國私立技專校院協進會理事長，積極參與技專校院校際、國際與兩岸學術性服務活動。

嶺東由技術學院改為科技大學，二〇〇九至二〇一〇年因為經常在媒體發言，我經票選擔任中華民國私立技專校院協進會理事長，躬逢其盛，二〇〇九年九月八日代表臺灣和陳漢強、陳希舜校長到福建廈門和福建省教育廳三人代表洽談陸生付費赴臺研修事宜，二〇一〇年四月七日又隨何卓飛司長領隊一行十人到北京教育部，參加兩岸高教領導代表在北京教育部洽談陸生來臺修讀學位承認大陸學歷等事宜，開啟陸生來臺就讀學位的大門。

6 關鍵性的九年

二〇〇二年八月我應聘至嶺東技術學院、科技大學擔任校長至二〇一一年七月，前後擔任該校三任校長，帶領嶺東順利改制升格為科技大學，並帶領該校榮獲教育部教學卓越計畫。

二〇〇二年八月初任嶺東技術學院第四任校長，適逢學校全力衝刺改名科技大學的關鍵時刻，我馬上就戰鬥位子，不敢有一刻稍加鬆懈，提出「全人化、專業化、資訊化、國際化」之四化辦學理念，倡議召開校務發展會議，帶領全校教職員生，全力投入一流大學應有的各項軟、硬體設施及規劃，逐一落實。

二〇〇五年該校在我任內成為國內第一所奉准改名的純商管類私立科技大學。學制齊備，共設立管理、財經、資訊、設計及時尚等五個學院，並分設企業管理、資訊管理、行銷與流通管理、資訊科技、財務金融、會計資訊、財政、資訊網路、國際企業、數位媒體設計、應用外語、觀光與休閒管理、視覺傳達設計、流行設計、創意產品設計、服飾設計及時尚經營等十七個系；財務金融、國際企業、企業管理、視覺傳達設計、數位媒體設計、資訊科技、財經法律、行銷與流通管理、流行設計、觀光與休閒管理、資訊管理、創意產品設計、財稅與會計資訊及EMBA等十四個研究所，各系並分別設立日間部、進修部、進修學院及進修專校等學制，配合社會需求，供學生選擇就讀。

二〇〇二年八月，保險營運系及銀行保險系合併為保險金融系，財政稅務系改名財政系並增設國際企業系、財務金融研究所。二〇〇三年增設國際企業研究所、應用外語系、流行設計系、資訊科技系，觀光事業系改名觀光與休閒事業管理系、商業文書系改名商務科技管理系。增設人文社會學群。二〇〇四年增設視覺傳達設計研究所。

經過三年的籌備與努力，二〇〇五年獲教育部核准改名嶺東科技大學。國際貿易系併入國際企業系，會計系改名會計資訊系、資訊傳播設計系改名數位媒體設計系；增設數位媒體設計研究所、科技商品設計系、資訊科技應用研究所。二〇〇六年增設行銷與流通管理研究所、財經法律研究所，財經學院全院遷至寶文校區。

二〇〇七年增設流行設計研究所、科技商品設計研究所。二〇〇八年觀光與休閒事業管理系改名觀光與休閒管理系，並增設觀光與休閒管理研究所。二〇〇九年八月，增設資訊管理與應用研究所，保險金融系改名金融與風險管理系、商務科技管理系改名資訊網路系。二〇一〇年增設財稅與會計資訊研究所。二〇一一年增設高階主管企管碩士在職專班（EMBA）。

7 捐贈錢幣收藏

我自一九八一年暑假在夏威夷Ala Moana Center Mall百貨公司花四點九五美元買一個袁大頭銀圓起，開始蒐藏中國古錢幣，在臺灣透過大陸古董商協助，並利用去大陸訪問交流四十餘次機會在各省市蒐集中國古錢幣，於二〇〇六年嶺東科大財經大樓落成時捐獻給學校。

我將畢生收藏的各式錢幣四千多件捐贈給學校，設立國內首座「嶺東錢幣博物館」，二〇〇六年十月二十八日「嶺東錢幣博物館」成立時，學校撰文誌慶如下：

「嶺東錢幣博物館」成立於二〇〇六年第四十二週年校慶，館內所藏珍品，包括歷代各式錢幣、古今鈔券、銀錠、銀條等，總計約達四千件，全數為本校校長陳振貴博士畢生蒐羅之心血。成立之初，值寶文校區財經學院「知源教學大樓」動土興工，陳校長冀盼捐贈所藏，結合數位典藏及相關貨幣資訊，俾供嶺東師生游習觀覽，寓教於樂，乃倡議成立錢幣博物館。經創辦人黎明博士及校友企業家鼎力支持，挹注財源，擇地建館，精工雕飾，美輪美奐之現址，終底於成。本館之創立，無論館藏內容、館舍規模、行政運作與教育價值，均屬國內各大學首屈一指之創舉。吾輩師生，因緣際會，今日得以共享成果，盼來日更能繼往開來，提升館藏，深耕學田，拓展貨幣與財經學術領域。

8 校務合作無間

二〇〇五年我帶領嶺東正式改名升格為科技大學，更是中部地區最早由商管設計專科學校升格為科大的學校。商學起家的嶺東，現在設計、資訊學群也漸嶄露頭角。因為有宏觀的思考和遠見，黎明董事長深知科技大學要走出自己的路，一定要讓學生所學能與社會職場接軌，並在充分授權校長的帶領下，嶺東正朝著十大技職名校道路邁進。

跟一般創辦人較不一樣的是，二〇〇八年已經八十七歲的黎明董事長，還是時常出現在校園，即使只是走走逛逛、看看學生，都讓她滿心歡喜，每週三還安排「黎奶奶時間」和學生面對面談話，這也成了嶺東十分熱門的一項活動。

學生口中的「黎奶奶」為教育奉獻超過半個世紀，校園裡的一草一木，教職員以至學生，都是黎奶奶心中的「寶」，也因為這些寶，讓學校從無到有、從有到好。也因為有這樣的「教育家」和她對教育理想的堅持，讓嶺東能以優良的體質，在競爭激烈的技職環境中穩健成長。

我從靜宜大學到技職體系嶺東技術學院擔任校長，游刃有餘，對學校也做了全盤的診斷，確認校長的歷史性任務，於是就帶著大家往前衝。加上黎明董事長能夠信任而且充分授權，在張台生總執行長的支持下，完成許多建設性的工作，例如師資提升，二〇〇二年我就任時，全校助理教授以上師資只占百分之二十八，至二〇一一年卸任校長時已提升為百分之八十二，其中經歷以「九七條款」為手段（講師須於一九九七年完成升等或再進修博士否則改聘職員名），改聘及資遣二十一位教師的艱苦過程，經過多年的溝通與協調才勉強達成目標，也澈底改變嶺東的體質，提升其競爭力。

嶺東科技大學著重研究風氣，總圖書館藏書豐富，數位自學中心設備新穎；教學軟、硬體設施亦逐年擴充更新，目前助理教授以上師資比例高達百分之八十七。此外，該校設有美食街、體育館、韻律教室與現代化女生宿舍等多項設施。多功能教學大樓「聖益樓」完工啟用後，共增加一百餘間現代化教室、教師研究室，對校舍之更新、學生校園生活品質之改善深有裨益。

全校所有教室均安裝冷氣空調設備，校園全面無線上網，對學生學習、生活之照顧，可謂不遺餘力。目前該校正全力發展第二校區，開發十五公頃新校地，完全全新宿舍，以期建立大學城之全新風貌。其中財經學院與管理學院教學大樓先後落成及全國獨一無二的錢幣博物館的開幕，更顯該校辦學特色及成效。期間我在該校校長九年任期內奠定雄厚的發展基礎。

近年來，該校各方面辦學成果突飛猛進，除自一九九一年度起，連續十年督學視導獲評優等外；二〇一二年該校接受教育部科技大學評鑑，以十九項一等之佳績，成為當年度全國受評鑑之科技大學中，獲得一等比例最高之優質學府。二〇一一年至二〇一七年，該校更連續四年榮獲教育部「教學卓越計畫」之肯定；並獲得德國 iF 國際論壇評選為「全球百大設計大學」。

9 辦學成效斐然

二〇〇五年八月，嶺東科技大學邁入學校發展的巔峰期。二〇一一年教育部審核通過學校所提出的「嶺東金鷹職場飛揚教學卓越計畫」，更使得該校躋身成為一所教學卓越科技大學。這九年期間要特別感謝黎明董事長的愛護與全力支持，張台生總執行長鉅細靡遺的擘劃、督導、執行與支持，蔡寶倫祕書及全體董事的指導，尤其是全校同仁的同甘共苦，使嶺東科大不論在教學、研究、產學合作、校園建設、校務行政各方面，都有令人刮目相看的教育成果。

嶺東這些年來不僅在環境設施上煥然一新，包括寶文校區知源教學大樓落成啟用，並且建置國內首座中國古錢幣收集完整的嶺東錢幣博物館，嶺東校園已呈現不同風貌。除硬體設施到位外，整體師生的比例大幅提升，內部規章也更完備。

在全校師生共同努力下，國內外獲獎無數，因而獲教育部頒發二〇〇八年第四屆技職之光「登錄筆數最多」團體獎以及二〇〇九年第五屆技職之光技專校院組「獲得獎項最多」獎牌。而二〇一一年科設四A林芳儀同學的作品〈植物貼紙〉，榮獲有設計界奧斯卡之稱的「德國iF設計獎」入選全球前十二名，也使得該校一舉登上iF設計世界百大排名榜（五十七名），嶺東全體師生出類拔萃的表現，更是眾所矚目。

10 回顧嶺東鷹揚

二〇〇二年七月三十一日與俞明德博士交接靜宜大學校長職務，應聘到嶺東擔任校長。九月十日主持總圖書館開工典禮。九月十九日代表學校接受陳水扁總統頒大專校院推動環保有功優等獎。十一月六日舉辦「與校長有約」及新生家長座談會。十一月二十七日教育部進行四年一度技專校院評鑑，獲得評鑑委員肯定。

二〇〇三年三月十日舉行「校務發展暨校長治校理念說明會」，具體提出建構「嶺東學園」的藍圖，以邁向科技大學為目標。六月六日舉行第二校區動土典禮。七月十五日率領設計學院師生前往匈牙利與Pázmány Péte Catholic University及Apor Vilmos Catholic College簽MOU。八月一日起進行組織再造工程。十月七日召開「嶺東學園校務發展暨勸募研討會」。十月二十三日榮獲教育部「二〇〇二年度推動技職教育有功學校」表揚。十月二十七日舉辦「二〇〇三嶺東技術學院國際文化交流與校際合作論壇」。十月二十八日校慶大會與智利聖多瑪斯大學、美國聖多瑪斯大學及越南胡志明農林大學等簽訂姊妹校合約，頒發「嶺東國際傑出教育事業家獎」予羅赫德博士。十一月四日赴大陸北京聯合大學參加「二〇〇三海峽兩岸技職教育研討會」。十一月二十二日榮獲中國輔導學會「九十二年度輔導工作績優學校」表揚。

二〇〇四年二月一日聘任前臺北科技大學校長張天津擔任講座教授。三月十二日慶祝四十週年校慶，寶文校區舉行千人植樹大會。四月八日圖書館新館落成舉辦師生傳書活動，象徵知識的傳承。五月十四日籌辦「黎明講座」。

六月十日出席行政院勞工委員會舉行的中部科學工業園區暨加工出口區進駐廠商人才培訓策略聯盟會議並簽約。六月十九日參加教育部「二〇〇四年度俄羅斯高等技職教育考察團」及參訪國立莫斯科大學等。十月二十六日嶺東四十週年校慶舉辦「館藏圖書超越二十萬冊暨嶺東文教基金會捐贈西文圖書」揭幕茶會。七月一日獲得續聘「嶺東科技大學」首任校長。

二〇〇五年八月一日教育部核准改名為「嶺東科技大學」，舉行「財經教學大樓」動土典禮。八月三十一日與北京服裝學院締結為姊妹校。九月二十八日榮獲中華民國私立教育事業協會傑出教師「弘道獎」。十月十三日完成攀登玉山登頂紀錄獲頒榮譽證明書。十月二十八日與中國信託商業銀行合作發行「嶺東科技大學認同卡」。十一月十五日赴北京首都經貿大學，十六日參加北京論壇及參訪北京外國語大學，十九日返臺。十二月一日教育部二〇〇四年度私立大專校院訓輔工作訪視，該校被評定為全國唯一特優等第。

二〇〇六年一月十九日寶文校區新建財經學院大樓舉行上梁典禮。三月十日寶文校區舉辦「植樹大會」，打造嶺東第二座「花園校園」。七月四日率桌球國家代表隊參加二〇〇六年在斯洛維尼亞國舉辦的世界大學桌球錦標賽，中華代表隊總體成績名列世界第二。九月五日獲選「財團法人技專校院入學測驗中心基金會」第三屆董事，任期三年。十月二十七日「全人教育實踐中心」（General Education Activity Center）舉行揭牌儀式。十一月十六日率一級主管前往南投縣政府進行文化創意聯盟訪問會談。十二月二十一日榮獲教育部杜正勝部長頒發「功在技職」獎牌。

二〇〇七年一月十四日赴大阪，隔日參加英知大學改名典禮，與校長簽MOU。四月二十八日舉辦二〇〇七年第九屆全國社區大學研討會，與會貴賓包括前臺北市長馬英九先生等。六月二十八日至三十日前往金門舉辦二〇〇七年度行政暨院系主管暑期自強活動。八月二十八日舉辦二〇〇七年度校務發展研討會。十一月二十二日接受改名科技大學後第一次評鑑。

二〇〇八年一月十五日與華藝數位股份有限公司簽訂電子出版合約。二月二十二日前往金門高中與金門農工招生宣傳。四月九日帶領應外系宋立群主任與觀光休閒系林永森主任等，前往菲律賓進行學術交流。六月五日教育部公布二〇〇七年度科技大學評鑑結果，榮獲行政類一等佳績。六月七日舉辦二〇〇七年度聯合畢業典禮，以「感恩、惜緣、懷舊、成長」為主題，歡送五專最後一屆畢業生。七月十二日榮獲董事會頒發感謝狀及續任聘書。八月一日榮任高等教育評鑑中心第二屆董事。八月四日參加嶺東科技大學、廣東外語外貿大學與智利聖多瑪斯大學共同成立的三方論壇。八月十四日學校資料網路中心通過英國BSI審查，獲得ISO 27001國際資訊安全認證。十月二十八日舉行創校四十四週年及嶺東高級中學三十七週年校慶聯合慶祝大會暨蔡創辦人亞萍博士百歲誕辰紀念大會。十一月十日到成大參加SATU校長論壇。十二月二十二日參加金門大學主辦技專暨大學校院長會議。十二月二十四日當選第四屆中華民國私立技專校院協進會理事長。

二〇〇九年一月十六日參加外交部歐鴻鍊部長歡迎布吉納法索青年及就業部長（Justin Koutaba）午宴。一月十九日榮獲「教育部二〇〇八年度獎勵推動生命教育與自我傷害三級預防績優學校」。三月五日籌辦「二〇〇九年第四屆臺灣、智利、中國大陸三方論壇」。六月十日蒙馬英九總統於總統府召見，研商招收陸生及大陸學歷認證事宜。八月二十六日推動品德教育成效卓著，榮獲教育部評定為全國「品德教育」績優學校。八月三十一日至上海參加海峽兩岸高等職業教育發展論壇及兩岸教育交流洽談會，洽談陸生來臺研修事宜。十月十七日率領學校代表團隊全程參加高雄文藻外語學院「第四屆三方論壇」活動。十二月十日承辦「二〇〇九中區技職校院校長高峰論壇」，討論開放陸生來臺就學與採認大陸學歷問題。

二〇一〇年一月二十三日到臺北國家圖書館參加「全國人才培育會議」。一月二十五日上午出席技專校院入學測驗中心董事會議。三月二十一日到北京，帶領中華民國私立技專校院協進會常務理監事訪問大陸教育部、七大高教協會、北京職業技術學院等。四月七日赴北京，八日參加兩岸高教代表團在北京教育部舉行臺灣招收大陸學籍生洽談會。四月二十一日立法院審陸生三法，五月六日參加教育部記者會。八月二日出席臺灣科大「海峽兩岸科技大學校長論壇」；與北京科技職業大學徐金梧校長簽約。八月二十一日接受大陸中央電視臺記者趙晶採訪陸生來臺就讀問題。八月二十八日出席教育部主辦「第八屆全國教育會議」。九月三日出席教育部大陸學歷查證小組會議。九月十四日出席教育部國外專業評鑑機構認可小組會議。九月十九日出席教育部陸生審議委員會會議。十月七日出席教育部陸生聯合招生委員會會議。十月二十七日率隊到教育部接受教學卓越計畫審查，作簡報。十二月十一日出席行政院建國一百年籌備會全體委員會會議。十二月三十一日出席實踐大學國際CEO書院結業典禮。

二〇一一年一月二十六日榮獲教育部「二〇一一—二〇一二年度獎勵科技大學及技術學院教學卓越計畫」補助六千六百三十二萬元，成為首次進榜且不需要實地訪視的學校。一月二十一日中華民國私立技專校院協進會理事長交接給樹德科大朱元祥校長。二月二十四日出席陸聯會常務委員會會議。三月十七日出席高教評鑑中心基金會董事會議；私校退撫儲金管委會董事會議。六月二日出席大葉大學「兩岸高教研討會」。七月三十日卸任嶺東科大校長，與趙志揚交接。

為讓辦學成果完整呈現，我特委祕書室同仁，將九年的辦學成效與大事記彙集成冊，並且取名《嶺東鷹揚：嶺東再創高峰的關鍵九年》（二〇〇二至二〇一一年），將這九年間如何落實四化的辦學理念：形塑專業嶺東、打造國際學府、提升資訊環境、邁向全人大學，以及在教育公益貢獻等方面的成果，做了一個概括性的文字與照片並呈的全紀錄，期望全體嶺東人，繼往開來，夙夜匪懈，同心協力，使嶺東科大永續經營，繼續邁向卓越。

第八篇

飛躍實踐　績效璀璨

——實踐躍升，成為國際名校

1 爭取教卓經費

我自二〇一一年八月應聘擔任實踐大學校長，自一〇二至一〇八學年度，已二度領導該校榮獲教育部教學卓越計畫獎助；教育部獎補款年年增加。自二〇一一年度起，在我主導下，每學期由研究發展處負責舉辦「校務發展共識營」，以凝聚同仁向心力，並訂定年度工作計畫與目標，期使校務得以永續經營與發展。

在全體師生的共同努力下，於二〇一一年度接受大學校院校務評鑑獲五大項目全數「通過」，二〇一三年更榮獲教育部第三期獎勵大學教學卓越計畫補助，二年期經費共計六千萬元，之後二〇一五年、二〇一六年每年獲得五千萬元，二〇一八至二〇一九年度獲得高教深耕計畫六千六百三十二萬元、二〇二〇年度獲得六千五百四十一萬八千七百二十七元。

此外，獲得教育部私立大學校院校務發展計畫獎補助款亦年年增加，二〇一四年度九千四百六十萬八千九百二十二元。二〇一六年度達一億二百五十七萬四千二百九十六元，之後每年幾乎都超過一億，二〇二〇年一億五百三十六萬二千三百八十八元，對學校的財務著有幫助；校務評鑑及專業系所評鑑獲得全部「通過」；二〇一四年獲得美國知名排名網站Ranker列為全球最佳三十所設計學院，辦學成效卓著。

期間教學卓越計畫辦公室於二〇一五年十二月一日至三日辦理為期三天的二〇一五年度「創意領航・職海飛揚 典範轉移・國際移動」教學卓越計畫期中成果展，以「靜態」與「動態」方式呈現學校執行二〇一五至二〇一六教學卓越計畫期中成果。在一〇一至一〇九年期間，在個人領導下，學校爭取到教學卓越、高教深耕獎助計畫與校務發展獎補助款，合計申請到教育部五億五千二百一十五萬二千八百零三元獎補助，此外，二〇一七年還獲得教育部教學創新試辦計畫獎助二千七百萬元，是私立大學第一名。

2 重視校務研究

二〇一五年五月二十六日經校務會議通過「實踐大學校務研究辦公室設置要點」，校務研究辦公室於同年八月一日正式成立，是學校一級單位，聘魏上淩博士擔任主任。辦公室每學期應至少召開一次工作會議，檢視各工作圈之工作進度與成果。必要時得針對具即時性校務議題，召開臨時工作會議，落實專責機構與組織化管理機制。

在學校組織定位上，是屬於一級單位，由副校長擔任總督導。因校區特性，臺北校區設置辦公室主任一人，而副主任一職由高雄校區副教務長擔任，以利兩校區之溝通協調與整合。依校務研究內涵分為資料建置、資料分析與研究、校務規劃與發展三個組別，分別由專長相符教師兼任。該辦公室負責學校經營議題，例如招生、學生學習、就業與收入支出分析，學雜費、就學輔助與學雜費調整之用途規劃，以及其他補充說明資訊更新與專案分析研究等，提供學校作為學校決策參考。

實踐大學校務研究辦公室（Office of Institutional Research），簡稱IR Office，是為了建構以實證資訊為基礎的校務決策系統，以落實學生學習成效本位績效評估，並進以強化學校教學卓越特色及確保校務永續發展、持續創新發展與自我提升超越。

3 強化組織效能

校務發展關係到學校的永續經營，它的主要範圍包括中程校務發展計畫及教育部獎補助款、院系所班制與組織調整、教師研究計畫、產學合作、創新育成、校務及專業評鑑等。業務由研究發展處負責，為強化其組織功能，特別設置校級校務發展委員會負責督導與審議。

校務發展委員會組織置主任委員及執行長各一人，主任委員由校長兼任，執行長由研發長兼任。以校長、副校長、教務長、副教務長、學生事務長、副學生事務長、總務長、副總務長、研發長、副研發長、各學院院長、進修暨推廣教育部主任、博雅學部主任、副學部主任、圖資長、副圖資長、主任祕書、校區主任祕書、人力資源室主任、會計主任、國際長、校外諮詢顧問及學生代表組織之，每學期定期開會，聘請校外資深委員，共同參與校務發展事項的諮詢與審議。

4 推動共識營隊

大學治理主要靠組織領導，除利用約四十六個正式會議及委員會推動校務外，每週三上午召開主管會議，由一級主管系所主任及議題相關單位主管同仁參加，必要時校長還召開臨時專案會議進行溝通協調，解決問題。

因為校務龐雜，只有主管參與不夠，我特別要求每學期結束舉辦校務發展共識營，由董事長、校長、副校長帶領全校全體專任教職員工一起參加。

校務發展共識營的目的：瞭解高教環境與挑戰，共謀因應策略與做法。以學校永續發展為目標，凝聚校務發展共識，激發團隊執行動力，全校師生一起努力。自二〇一一年九月五日至二〇二〇年一月十三日，共舉行十八次校務發展共識營：

次數	日期	研討主題與邀請主講人
第一次	二〇一一年九月五日	北高視訊首次舉辦共識營

第二次	二〇一二年六月二十二日	高雄校區發展規劃 邁向教學卓越計畫 一〇三—一〇五學年度中程校務發展計畫Brainstorming國際交流之展望
第三次	二〇一二年九月四日	飛躍實踐、邁向卓越 邁向教學卓越計畫 一〇三年第二週期系所評鑑
第四次	二〇一三年一月十六日	北高視訊舉辦共識營
第五次	二〇一三年六月二十七、二十八日	學用合一解決方案（1111人力銀行金仁執行長） 如何做好系所評鑑（中華大學劉維琪校長） 如何因應一〇五學年度少子化之來臨 教學卓越計畫之執行 談國際化與國際學院之設置 中長程校務發展計畫與私校獎補助款之規劃
第六次	二〇一四年一月十五日	校務發展卓越領航經驗談（淡江大學張家宜校長） 校務發展重要工作報告
第七次	二〇一四年六月二十三日	大學校務的關鍵治理與特色表現（黃榮村教授） 校務資訊系統規劃 財務規劃與責任中心預算制度 招生策略規劃
第八次	二〇一五年一月二十七日	大學治理（淡江大學張紘炬教授） 面對少子化挑戰與因應策略

第九次	二〇一五年六月二十九日	學院、學部開源策略與邁向卓越
第十次	二〇一六年一月十八日	專題演講（教育部李彥儀司長） 校長專題報告 各單位工作報告
第十一次	二〇一六年六月二十七日	校長專題報告 北高校區招生現況 少子化衝擊的因應策略 中程校務發展規劃構想教師與課程未來圖像試探
第十二次	二〇一七年一月十六日	大學少子化的因應策略（醒吾大學周燦德校長） 少子化招生策略 一〇七年度第二週期校務評鑑 一〇七－一一〇中程校務發展計畫
第十三次	二〇一七年六月二十六日	高教深耕計畫教學創新（教育部姚立德次長） 臺北校區招生現狀及策略報告 高雄校區招生策略曼哈頓計畫 教學評量機制相關議題 學院學程化、實體化相關議題

第十四次	二〇一八年一月二十二日	國際招生策略（畢祖安司長） 一〇七年度第二週期校務評鑑校內宣導 ABC校園及翻轉教學之規劃與願景 金融科技（FinTech）之規劃與願景 大學社會責任在地鏈結之做法 北高校區轉型與發展 如何落實中程校務發展計畫與高教深耕計畫鏈結
第十五次	二〇一八年七月二日	實踐大學系所委辦品質保證認可規劃 校務研究報告：互動關係人對校務治理滿意度 北高兩校區面臨少子化如何轉型與因應 如何精進教學以提升學生學習成效
第十六次	二〇一九年一月十四日	邁向偉大大學（交大張懋中校長） 凝聚向心力與營造友善環境 校務系統革新與展現行動力
第十七次	二〇一九年六月二十四日	擘劃學校新格局：邁向五「新」級大學（臺評會傅勝利理事長） 共識營議程與列管事項說明 境內招生與留生之現況分析與具體策略
第十八次	二〇二〇年一月十三日	哲學與人生（傅佩榮教授） 共識營議程規劃暨列管事項說明 一〇九－一一一高教深耕計畫架構 國際化「質」與「量」的提升 學術單位「革新與創新」專題報告

5 營造治校共識

依據「實踐大學組織規程」，學校置校長一人，綜理校務，負校務發展之責，對外代表學校。校長之產生，由董事會組織遴選委員會遴選，經董事會圈選，報請教育部核准聘任之。任期三年，任期屆滿，經董事會同意後得連任之。校長任期自八月一日或二月一日起聘為原則。另置副校長一至三人，襄助校長推動校務，由校長於副教授以上之教師中遴選，必要時得以契約方式進用校外人士。副校長之遴聘，由校長提請董事會同意後聘兼或聘任，其任期以不超過校長任期為原則。

在少子化與全球化的挑戰下，師資是澈底落實與執行大學變革的核心人物，長久以來國內大學過度奉行「學術文憑」（academic credential）的關鍵與重要性，但隨著外界需求的變化，大學內部師資應兼顧多樣性與品質兩大原則。無論大學治理之實務，是採取何種方式，能否營造全校教職員工之共識，誠屬當務之急。

實踐大學一年總預算約十七至十八億，我曾詳加比較其中三個年度學校收入成長率，其中二〇一四年是減少四百五十三萬四千零一十七元，二〇一五年比二〇一四年成長八千八百九十一萬八千四百七十二元。為讓學校永續發展共謀對策，曾利用各種正式會議明確指示全校各單位務必全力配合以下規劃重點：一、力行開源節流（全校各單位全面啟動）。二、常態性召開永續發展共識營（研發長負責）。三、成立少子化因應策略小組（丁副校長召集）。四、研擬本校完善之中程財務規劃，公布系院編列預算原則（會計主任負責）。五、降低人事費用支出，並修訂人事相關規章（人力資源室主任負責）。

有關預算編列原則，明確指示如下：

一、收支平衡原則：各單位編列預算應量入為出，並於每季檢視預算收支情形，以確保財務健全，維持年度收入與經常支出、資本支出之平衡。基本上每個學年度編列預算要作「平衡預算」，年終結算時則必須要平衡，以維持學校財務之健全，以利學校永續經營。

二、計畫預算原則：預算須以計畫為依據，計畫則須符合短中長程校務發展目標與策略。

三、資源共享原則：預算編列應以全校整體效益為優先考量，兼顧部門需求，避免任何型態之本位主義，以發揮資源最大效益。

四、發展特色原則：預算編列應以發展系所特色為主，並發揚創辦人創校宗旨與精神。

五、撙節支用原則：在校舍整建及校區開發之際，採緊縮預算方式編列，待財務狀況改善，再調整預算編列原則。

六、資源開發原則：除學雜費收入外，全校各單位均負有資源開發之責任，如募款、爭取政府及企業各種計畫、申請專利技轉、衍生性企業及推廣班等，以厚植本校實力，共同因應少子化衝擊與配合教學卓越計畫執行之需。

七、完整編列原則：年度所有收入與支出均應納入預算，不得漏列，以避免執行時提出追加預算之需求，或因經費不足無法完成計畫目標。

6 競爭優劣分析

經研究發展處彙整，實踐大學SWOT分析如下：

S-1 創校歷史悠久，校譽卓著，辦學績效出眾。
S-2 特重生活教育，學風優良，獲社會肯定。
S-3 人才培育成效優異，設計與創新教育成果居領先群。
S-4 台北校區緊臨內湖科技園區及南港軟體園區，具地理區位優勢。
S-5 人才培育目標，符合產業結構前瞻性發展。
優勢Strength
W-1 校區分散北高兩地，資源整合不易。
W-2 學術成就及研究能量仍有強化空間。
W-3 無企業或財團資助，發展空間受限。
劣勢Weakness
S
W
O
T
轉機Opportunity
O-1 國際化績效表現亮眼，未來有發展空間。
O-2 文創產業的社會需求與政府推動，本校未來深化發展機會高。
O-3 善用校區地理優勢，提升產學合作機會。
O-4 重視學用合一，對未來學生具吸引力。
危機Threat
T-1 少子化對高等教育生源具重大影響。
T-2 校務經營受限於政府政策及法令。
T-3校務經費自籌管道待開發。

7 加入優久聯盟

實踐大學是「優久聯盟（ELECT）」創始會員學校之一，該聯盟於二〇一二年九月二十八日由東吳大學發起，邀請文化大學、世新大學、淡江大學、銘傳大學、輔仁大學、實踐大學共同組成北區七所私立大學交流平臺，相互交流、合作。二〇一五年大同大學、二〇一六年臺北醫學大學加入。

我認為，「實質合作比整併更重要」，教育部因應少子化提出公立大學整併、結盟，在優久之前已有十個大學聯盟系統，優久九校聯盟則是從二〇一二年就啟動，一路走得非常紮實，包括學校人事、總務、會計等，都有實質且深入的交流，是跟其他聯盟不同之處，因此我從一創立以來，一直非常支持此聯盟的各項活動。

二〇一七年十二月，聯盟合作由北區跨域至中區，中原大學、逢甲大學和靜宜大學相繼加入，十二所校院正式邁向「歷史悠久，辦學績優」之私立大學聯盟，因此「優九聯盟」改名為「優久聯盟」。聯盟目前曾舉辦過北臺灣七大學聯合路跑賽、U9聯盟夏季電競大賽等活動，下設十四個委員會，促進各校經驗交流合作，如師資、圖書資源及跨校選課等。

淡江大學前校長張家宜：「萬一學雜費又沒有漲成，我們還是要生存，所以優久聯盟很重要的一個目標就是共享分享，很多東西也許自己學校有辦，辦不起來就可以到別的學校尋求資源。」組成聯盟加強競爭力彼此互助，私立大學校長齊聚，苦哈哈直說公立學校有補助，花在一個學生身上是二十五萬，私校補助是十三萬，學費不漲辦學怎麼好。

優久聯盟學校一覽表

序號	參加學校	創立年代
1	東吳大學	一九〇〇年
2	中國文化大學	一九六二年
3	世新大學	一九五六年
4	淡江大學	一九五〇年
5	銘傳大學	一九五七年
6	輔仁大學	一九二五年
7	實踐大學	一九五八年
8	大同大學	一九五六年

9	臺北醫學大學	一九六〇年
10	中原大學	一九五五年
11	逢甲大學	一九六〇年
12	靜宜大學	一九三二年

8 主張五搭元素

我主張大學教育除了培養學生具備專業知能外，更應提升學生的職場競爭力。也極力推動「畢業即就業」方案，在實踐大學的課程規劃中，各系依其特性，從「企業參訪、業師協同教學、國內外工作營（坊）、國內外競賽、國內外展演、國內外實習、專題製作寫作、專業證照、就業學程、產學合作、大四在業彈性學習、教師赴公民營機構服務或帶薪深耕服務」等十二項實務養成機制中，至少挑選五項執行，稱之為「五搭元素」，以增進學生「畢業即就業」、「就業即上手」的能力。

同時，更以「院」為單位推動課程革新，建立「系所學程化」，讓學生依據個人興趣與未來發展，選擇更專業精進的跨領域學習；加上比照技職體系的實習機制，針對大四下學期的課程進行調整，目前各系所均與企業進行實習合作，使得實踐人於畢業後與職場能達到真正的無縫接軌。

我於任內積極推展推動校務創新，除了與國外學校加強交流合作，考量到提升學生畢業後的競爭力、職場經驗與國際視野，因有感於當前青年就業不易等現實情況，自二〇一四年五月起，與上海臺商協會合作，請當地合作臺企提供實踐大學學生登陸實習的機會。

這項實習計畫推動上並不容易。對內，需要透過許多會議討論，「校」、「院」、「系」由上至下達成共識，排空大四下學期課程，使學生得以順利前往海外實習。此外，還要找到適當的臺商企業。透過上海臺商協會、實踐大學華東校友會的大力協助，形成「實踐—臺商協會」、「臺商協會—企業」、「學生—企業」的分層合作模式，讓整個計畫能夠在兩岸間流暢進行。

在我帶領下透過「管理卓越」、「設計拔尖」、「民生領先」、「國際接軌」、「品格陶冶」的辦學特色，致力打造兼具設計特色與實務教育及生活科學領先的亞太區實用教學型大學，實踐大學設計學院更獲得美國知名排名網站Ranker票選為全球前三十所最佳設計校院的美譽，成為臺灣唯一入榜的大學校院，二〇一九年QS「藝術設計領域」擠進世界一〇一至一五〇名，居臺灣私立大學第一名。

在教學上實踐大學推行「以手實踐」的設計實作，訓練學生獨力完成設計流程（Project）的能力，並提供跨領域合作機會，建構出更多元完整的設計環境，同時設有「一證（畢業證書）、二照（專業證照）、三展演（國內外展覽演出）」的畢業門檻，期待能將實踐打造成亞太區的設計高教重鎮。

二〇一四年服裝設計學系成立PRAXES品牌概念店，學校附屬機構由校長擔任店長，目前在做品牌延伸。由日本島精公司捐贈機器設備，成立3D列印服裝「意創坊」人才培育中心，皆是全國第一也是學校特色。

二〇一六年，實踐大學服裝設計學系在來自十國四百八十二位新銳設計參與的紡拓會「時裝設計新人獎」中，一舉拿下首獎與優選獎的佳績，並於「秋冬柏林時裝週」展出二十一位同學作品，讓全世界看見融合東方氣息及臺灣文化背景的優秀設計；工設系在六十八國、八百七十五件作品參賽的美國「米其林設計挑戰賽」裡，獲得了全球Top 14的肯定；建築系則在義大利「Biomorphic Design in the Project of a Regenerative Global Society」國際競圖、「遠東建築新人獎」中雙雙榮獲首獎及佳作的成績，可謂是教學成果豐碩的一年。該校還獲得《遠見雜誌》評選為企業最愛設計校院第一名，觀光、休閒、餐飲類第二名，大學國際化程度全國第七名，二〇一九年臺灣最佳大學排行榜最佳進步獎，獲網路評選全臺最美大學前五名，國際設計競賽獲頒總數私立大學第一名。

9　強調國際接軌

我在學界服務數十年，向來積極推動校務創新，二〇一一年回到實踐大家庭以來，除了與國外大學加強交流合作外，更關心如何提升學生畢業後的競爭力、職場經驗與國際視野。

近年來，積極與姊妹校及世界大學組織簽訂合作備忘錄，擴大境外交流活動的質量，至一〇八學年度第二學期共有姊妹校二百四十七所，遍及世界六大洲，除短期師生互訪外，包括交換學生、修讀學位、雙聯學位、短期研修、實習、參加國際志工、競賽、展演、工作營等，每年來校與出國的學生約二千多人。

所謂境外生，包括外籍生、僑生、港澳生及陸生，以修業性質分為學籍生、交換生（含雙聯學位生）及大陸研修生。以二〇一六年度第一學期為例，在學境外生共一千零九十三名，其中北高兩校區學籍生計七百八十九名，包括外籍生九十五名（北七十三／高二十二）、僑生一百三十八名（北九十／高四十八）、港澳生三百五十名（北一百七十七／高一百七十三）、陸生二百零六名（北一百三十六／高七十）。校本部交換生四十五名，含十六名雙聯學位生。大陸一年研修生二百四十五名（含校本部閩江學院一百五十九人、莆田學院三十三人；高雄校區閩江學院五十三人）；高雄校區大陸一學期研修生十四名（含廣西藝術學院七人、安徽四校七人）。二〇一九年出國及來校交換生二千零七十六名，境外學籍生八百名，占全校學生百分之二十，其中雙聯學位生九十八名。

境外生來本校學習，不論修業性質與時間長短，從招募、申請到接機報到，都由國際事務處經手。在學期間的學習生活，則和本地生一樣融入各系所，與全校各單位息息相關。除各班有導師外，國際事務處兼顧境外生的生活輔導，特別訓練一批英語流利的國際大使團學生及國際學生服務社同學協助陪伴，舉辦迎新送舊、體檢、壯遊、歌唱大賽、回鄉偶書及與校長有約等活動，讓這些異鄉學子有安適的學習之旅。

此外，出國學生有近千名，以赴歐美、亞洲、中國等二十多個國家修讀學位、交換與實習為主。交流國家則包括歐洲的英國、德國、法國、西班牙、瑞士、俄羅斯、瑞典、荷蘭，北美洲的美國、加拿大，中南美洲的墨西哥、哥斯大黎加、巴拿馬、薩爾瓦多，非洲的南非、史瓦帝尼，亞洲的中國、日本、韓國、印尼、馬來西亞以及大洋洲的澳洲、紐西蘭等國。

二〇二〇年度實踐大學於全球擁有二百四十七所姊妹校，主要分布在以設計與管理為導向的歐美國家及新南向國家，其中並包括大陸地區七十所９８５或２１１工程、雙一流大學，而且積極與大陸臺商協會、臺資企業合作，給予學生實習機會，畢業後如獲聘為正職，月薪更從人民幣八千元起跳，合作以來實踐學生留用就業比例高達七成，未來發展性十分可觀。「國際移動力是學生未來須具備的最佳競爭力」，臺資企業需要二代新血的加入，來活化企業組織，也因此造就了實踐人在兩岸發展的重要契機。

10 推展兩岸實習

「臺灣青年要瞭解兩岸關係，最好的辦法就是親自到對岸見識。」個人有感於當前青年就業不易等現實情況，自二〇一四年五月起，親赴大陸找上海臺商協會簽約合作，請當地合作臺企提供實踐大學學生登陸實習的機會，目前已進行到第六年。

來自閩江學院及莆田學院的大陸研修生則以專班方式研修，由推廣教育部負責照顧，希望透過相關的學習活動以擴展學生的國際視野，提升國際（兩岸）移動力及學校國際知名度。

為了保障學生在海外待遇，實踐大學除了促請企業給予學生住宿、機票，以及每月二千八百至三千元人民幣的實習津貼外，也聘請在大陸的實踐校友擔任導師，提供學生生活上的諮詢與協助；另外，還透過微信等通訊軟體，讓學生有困難時可直接回報給學校。

實踐大學登陸實習已從最初的上海，擴大到蘇州、宿遷、廈門及武漢，不僅能為學生提早進入職場累積實力，也能開拓學生視野，企業也樂於培養臺生成為企業的重要幹部。此外，學生除了在國內及大陸實習，這幾年也拓展到東南亞、日本、韓國及歐美國家，期能提升學生的國際移動力，並使畢業即就業，就業即上手。

11 貫徹六實策略

我自一九七八年起，多次任教於實踐大學，並兼任教務主任、教務長、研發長、副校長等職。自二〇一一年八月一日至二〇二〇年七月三十一日擔任實踐大學校長；與謝董事長、林資政伉儷及謝文宜董事結下一輩子良緣，內心充滿無限的感恩。

「承先啟後，邁向卓越」始終是我接掌校務的治校方針，在過去奠定的基礎上，校務發展須兼顧求生存與發展，創校宗旨為促進家庭倫理化、科學化、藝術化、經濟合理化，即所謂學生四化基本素養，以締造和諧的社會，建設富強的國家。

在創新、實踐、至善的願景下，以融合品格陶冶、人文關懷、生活創意、產業需求與國際視野，培育具全人素養優質專業的人才為校務核心。培養學生專業能力、資訊能力、社會能力、審美能力、體適能能力和語文能力等六大核心能力（即六力），以發展成為一所亞太著名的優質實用教學型大學為目標。為達到上述目標，曾擬定「六實」發展策略：務實特色發展、厚實學務輔導、經實國際交流、豐實產學合作、優實校園文化以及落實行政服務。近年並以卓越教學、精實學輔、深耕國際、厚植產研、培育智慧科技人才，建立智慧、安全、綠色永續校園為重點，落實教學卓越計畫與高教深耕計畫的目標，經營實踐大學。

12 拉近師生距離

我非常熟悉臺灣高教生態與環境，為實踐擬定的發展定位是：「實用教學型大學」。來到實踐校園，午餐時刻的鐘聲敲響，沒見到餐廳的排隊人潮，反而傳來地下室的服裝實習工廠，縫紉機高速運轉的聲音，放眼看去，一個籃球場大的空間，充滿布料、人形偶，及渾然忘我的學生，專注盯著機臺的情境，讓我決心全力以赴希望能夠幫助這些年輕人，早一些站穩立足社會腳步。

為了讓學生提早適應職場生活，從二〇一三年起推動「八一〇早鳥計畫」，規定實踐人每學期至少有一門課程必須於早上八點十分上課，使得學生養成習慣早起的生理時鐘，面對未來就業也能更加順利銜接與適應。

我平時喜歡和學生拉近距離，每學年皆會舉辦七場「與校長有約」座談會，邀請日夜間部社團、班級代表、外籍生和陸生參加，認真傾聽學生心聲，作為學校校務改進的重要參考。「選系重於選校，才能真正學以致用。」對於即將邁入大學生活的學生，建議學生應打破名校迷思，以興趣發展為重，並且妥善安排時間多元跨域學習，讓大學生涯不單單只是「由你玩四年」，而是改變未來的重要起點；同時，並期勉即將畢業的大四生，能夠將「終身學習」銘記於心，方能不斷進步，面對未來更要「勇於追夢」，努力「實踐」自己的遠大夢想。

為了因應當前大學教育與產業面之間的學用落差，以及大學畢業生競爭力不足問題，實踐大學近年來力行「課程精進、跨域分流」，透過課程改革與活化來提升學習成果，有效培養出跨域整合學用合一的專業人才。

13 任內大事紀要

二〇一一年八月一日我就任實踐大學校長，與謝宗興校長交接。八月四日到任後聽取全校各行政暨學術單位簡報，十七日至高雄校區聽取各單位簡報。九月二十五日赴福州參加閩江學院海峽學院開學典禮。十一月六日參加教育部高教代表團訪問史瓦濟蘭王國及南非共和國。

二〇一二年一月三十日出席中華民國私大學校院協進會理監事會議。二月十日出席教育部「兩岸人民關係條例第二十三條研討會」。三月五日帶隊到教育部接受「一〇一—一〇二年度教育部獎勵私立大學校院校務發展計畫」審查，作簡報。三月二十九日去紐約，三十一日出席實踐大學美東校友會年會暨會長交接。四月十九日出席銘傳大學主辦「海峽兩岸高教論壇」。五月十八日參加海基會新大樓揭牌；出席二〇一二年新一代設計展開幕式。五月二十九日代表學校參加社團法人臺灣評鑑協會「系所認證實施計畫」會議。六月二十二日參加研究發展處舉辦「一〇三—一〇五學年度校務發展計畫共識營籌備會」。六月二十七日一〇〇年度下半年大學校院校務評鑑結果，實踐大學評鑑結果為通過四項有條件通過一項，經申復成功改為五項全數通過。八月十六日代表學校參加私校協進會理監事會議。十月二十七日出席蔣偉寧部長主持「洛杉磯鮭魚返鄉教育展開幕典禮」。十一月二日主持吳季剛、楊惠姍演講會。十一月十三日一〇〇年度教育部獎勵私立大學校院校務發展計畫經費實地訪視。十一月十五日參訪廈大經濟學院及華僑大學「二〇一二年中國大學生就業項目洽談會」。十二月十七日主持澳門教青局創思教育班始業式。

二〇一三年一月八日接待史瓦濟蘭王國教育部長一行七人來訪。一月十四日到宜蘭佛光大學參加「二〇一三全國大學校長會議」，十六日到高雄內門校區主持一〇一學年度校務發展共識營，二十三日率隊至教育部作「一〇二—一〇三年度實踐大學教學卓越計畫」簡報。三月六日率領一級主管至教育部參加獎勵私立大學校院校務發展計畫報告。三月二十三日主持實踐大學五十五週年校慶大會。三月二十七日主持美國明尼蘇達州立大學MBA班在臺開訓典禮。四月七日出席高教評鑑基金會在臺北主辦之APQN大會、INQAAHE國際研討會。四月二十五日接待北京服裝學院代表團一行七人，並簽MOU。五月十日代表學校參加中華民國管理科學學會華文商管學院認證中心（ACCSB）舉辦精進高等教育品質會議。五月十七日出席二〇一三新一代設計展開幕典禮。五月二十日發表「實踐大學永續發展預算制度建制說明」。五月二十一日代表學校參加監察院舉辦私立學校公共化及自主性諮詢會議。六月二十五日出席服裝設計學系在臺北W-Hotel池畔舉行服裝動態展。八月十五日出席總統府賓館「不老騎士美國騎蹟之旅」記者會。九月四日隨謝孟雄董事長、林澄枝資政率隊赴北京外國語大學參加開學典禮，與韓震校長簽MOU。九月二十八日至武漢參加華中師大一百一十週年校慶，與武漢大學簽MOU。十月五日參加教育部黃碧瑞次長率團出席「二〇一三年臺紐高教論壇」，訪問八所紐西蘭公立大學。十二月十三日參加「二〇一三國際設計學術研討會」並致詞。

二〇一四年一月九日出席崑山科大主辦「二〇一四年全國大學校長會議」。二月十一日與郝龍斌市長共同主持內湖親子館暨托嬰中心開幕典禮。三月六日主持與香港聖文德書院楊佩珊校長聯合五校進行視訊招生會。四月十日率領實踐一級主管至教育部簡報「二〇一四—二〇一五年度教育部獎勵私立大學校院校務發展計畫」。四月二十四日帶領服裝設計學系師生參加上海世貿商城東華服裝展，拜會上海臺協洽商臺生赴企業實習，至上海交大、同濟大學、華東師大附中及青浦高中作招生宣導，在上海圖書館演講。四月二十九日於上海市青浦高中講演「共敘一堂、做對選擇、邁向成功」。五月七日在實踐大學與上海臺協胡興中副會長、林玉珍副會長召開臺生赴上海臺企實習事宜會議。六月三十日主持兩岸青年農村社區服務隊始業式。八月十九日參加教育部舉辦「少子女化的高教問題與發展」座談會。八月二十二日參加行政院舉辦江宜樺院長與政務顧問座談會。九月八日出席國際事務處華語中心舉辦第一屆華語暨文化體驗營，共十二個國家二十四位學員參加。十月二十九日參與校長與教育部長有約。十一月二十七日與十所高中簽策略聯盟。十二月四日接受《遠見雜誌》專訪〈大學生一定要做的事〉。十二月二十九日主持兩岸青年論壇。十二月三十日參加臺北臺大校友會館「高教創新轉型座談會」。

二〇一五年一月九日率領一級主管至教育部參加「一〇四－一〇五年度教學卓越計畫簡報」。一月十五日參加國立屏東科技大學舉辦「一〇四年全國大專校院校長會議」。二月二十八日率領管理學院學生赴上海境外實習參訪。六月二十九日主持研發處舉辦的二〇一四年度第二次「深耕卓越、永續經營」校務發展共識營。九月二十五日參加東吳大學主辦「北區八所私立學校交流平臺校長暨教務長會議」。十一月六日參加教育部舉辦「高等教育發展藍圖座談會」。十一月十日參加教育部舉辦陸生聯招會常務委員會議。十二月一日教學卓越計畫辦公室辦理二〇一五年度「創意領航・職海飛揚 典範轉移・國際移動」教學卓越計畫期中成果展。十二月四日參加高教評鑑中心舉辦「二〇一五高教評鑑國際研討會」。

二〇一六年三月十六日率領學校一級主管至教育部簡報「二〇一六年度教育部獎勵私立大學校院校務發展計畫」。四月七日參加教育部舉辦「新世代高教藍圖與發展方案」說明會。四月二十九日參加銘傳大學舉辦北區九所私立大學校長暨館長會議。五月十二日參加成功大學舉辦「二〇一六臺日校長論壇」。五月二十四日帶領學校主管參與「優久聯盟」成立大會，開啟九校攜手合作新頁。十月二十六日參加東吳大學舉辦優久聯盟校長、主祕會議。十一月十一日參加國立成功大學主辦「臺灣與東南亞暨南亞大學校長論壇」。

二〇一七年一月十二日參加二〇一七全國大專校院校長會議（於高雄蓮潭國際會館舉行）。二月六日臺大電機學系葉丙成教授於臉書上發表感佩實踐大學陳振貴校長成為第一位願意支持高中完整教學的大學校長。二月二十一日參加世新大學主辦優久聯盟校長暨資訊主管會議。三月二十五日參加中山大學舉辦「二〇一七亞太國際教育協會年會教育展校長論壇」。六月七日參加臺灣評鑑協會舉辦「擘劃學校新格局暨專業學門教育認證授證典禮」。六月二十六日主持一〇五學年度第二次校務發展共識營，教育部姚立德次長蒞校專題演講。十二月十五日校務研究辦公室舉辦「二〇一七校務績效報告與社會責任研討會」。

二〇一八年三月二十三日學校在臺北美福大飯店宴會廳舉辦六十週年校慶感恩餐會。三月二十四日學校舉辦六十週年校慶系列慶祝活動，出版發行「國民生活寶典」叢書七冊。

二〇一九年八月十九日參加推廣教育部舉辦「二〇一九僑務委員會推廣臺灣觀光產業僑商觀摩團」始業式。八月二十六日參加研究發展處舉辦「教育品質管理研習——中程校務發展計畫執行成效分析、執行成果填報與會議決議之管考追蹤會議」致詞。九月十九日參加內湖科技園區發展協會於維多利亞酒店舉辦理監事會議暨簽訂合作協議大會。九月十四日參加資訊管理學系中華工程教育學會認證委員會實地訪評活動。九月三十日參加學生事務處職涯發展暨校友服務一組舉辦私立大學校院社會資源拓展與經營工作坊。十一月五日參加高雄校區於校本部舉辦「安徽職業學校第十期校長研習班」結業，並頒發結業證書。十一月十一日帶領歐陽慧剛教務長及高教深耕計畫辦公室同仁參訪逢甲大學。十一月十四日參加職涯發展暨校友服務一組舉辦「私立大學社會資源拓展與經營會議」。十一月二十六日參加教育部舉辦「一〇八學年度專科以上學校型態實驗教育審議會議」。十一月二十七日參加USR辦公室舉辦「一〇八年度USR大學社會責任計畫成果發表會」。十二月十日參加中華創意產業協會理監事會議。十二月十二日參加國際事務處舉辦一〇八學年度境外生及雙聯學制學生授旗典禮。十二月十八日參加銘傳大學主辦「優久大學聯盟校長暨教務、國際暨兩岸事務業務主管會議」。十二月二十七日參加私立大學校院協進會理監事聯席會議。

二〇二〇年一月十三日主持研究發展處舉辦一〇八學年度第一學期校務發展共識營。一月三十一日成立武漢肺炎防疫小組，並召開第一次會議。二月三日教育部公布陸生暫緩來臺。二月三日參加教育部舉辦「因應嚴重特殊傳染性肺炎大專校院管理計畫研商會議」。二月十三日參加私立大學校院協進會理監事會議暨會員大會。二月二十四日參加實踐大學舉辦一〇八學年度優久大學聯盟校長暨學務長會議。同時接受華視等數家媒體記者採訪。二月二十七日Dailymotion製作影片《校長專欄》〈實踐大學校長陳振貴專訪〉。三月十一日帶隊赴教育部進行高等教育深耕計畫主冊第一階段（一〇七－一〇八年）執行成果及第二階段（一〇九－一一一年）規劃簡報。三月十二日參加上海市臺灣同胞投資企業協會舉辦春酒聯誼餐會。三月二十日陪謝孟雄、林澄枝伉儷回彰化縣二水鄉掃墓，並訪視二水家政中心。三月十六日參加高雄校區六十一週年校慶活動。三月二十二日參加實踐大學校本部六十一週年校慶活動。三月二十九日參加私校協進會第七次理事暨第八次監事聯席會議。四月九日帶領學校五位主管到教育部作一〇九—一一〇中程計畫獎補助簡報。六月十三日主持實踐大學校本部畢業典禮。七月二十三日個人卸任實踐大學校長職位，由丁斌首副校長接任校長。

二〇二〇年七月三十一日《實踐剪影：璀璨九年》出版，內容共收錄三十九篇全校各單位與校友的文章，以及二〇一七年八月一日至二〇二〇年七月三十一日共計一百零六則新聞集錦，一致肯定我九年來的治校成效。謝孟雄董事長也以〈勵精圖治 卓然有成〉一文陳述董事會對校長的肯定及未能續聘的理由。

14 回顧創校願景

實踐大學（Shih Chien University, USC），是臺灣著名的私立大學，校區分設於臺北市中山區、高雄市內門區及苓雅區兩地三區。前身為一九五八年三月二十六日由臺灣省議會副議長謝東閔創立的實踐家政專科學校，並於一九九七年八月改名實踐大學。該校以家政、服裝、食品、建築、媒體傳達、工業產品設計等著稱。臺北校區鄰近捷運文湖線大直站，高雄校區在內門，高雄教學中心鄰近高雄捷運環狀線旅運中心站。

該校的校史發展可劃分為以下五個階段：一、專科奠基期（一九五八—一九九〇年）：累積二專、三專、五專的辦學經驗。二、學院轉型期（一九九一—一九九七年）：全面因應九〇年代改制學院後的發展。三、大學發展期（一九九八—二〇〇七年）：配合升格大學後的南北校區與系所的均衡發展。四、大學卓越期（二〇〇八—二〇一七年）：迎接二十一世紀臺灣高等教育激烈競爭大環境的考驗與挑戰。五、大學永續期（二〇一八年—）：必須因應臺灣少子化的浪潮，全力以赴爭取大學永續經營的生存與發展機會。

創辦人謝東閔先生在六十多年前創校之初，即體認培育賢良的主婦，改善家庭生活，是治國、平天下的基礎，因此堅持以創辦家政教育，作為實現「修齊治平」教育理想的原動力，大公與無私的辦學理念，一直是其念茲在茲的使命。

願景與使命：該校辦學目標除維持「正家」之基本精神與「研究並推廣生

活科學知能，增進生活福祉與生命意義」之總體目標外，現階段朝向發展「品格陶冶、人文關懷、文化創意、產業需求與國際視野」等五大核心價值的亞太地區優質實用教學型大學。

在經歷六十多年的發展，目前已成為設有臺北、高雄兩校區，分設民生、設計、管理、商學與資訊、文化與創意五學院之綜合性大學。大學的核心目標在培育現代化人才，而現階段國際人才需求的標準，世界經濟論壇（WEF）特別提出二十一世紀必備的五種人才：包括跨文化認知與理解力、溝通協作力、全球議題解決力、自主學習與批判思考力，以及快速適應變動力。亦屬實踐大學整體人才培育的教育目標。

歷任校長任期列表

姓名	年度	任期
謝東閔	一九五八年三月至一九七二年五月	十四年二個月
謝孟雄	一九七二年六月至一九七八年十一月	六年五個月
林澄枝	一九七八年十一月至一九八三年九月	四年十個月
謝孟雄	一九八三年九月至一九九三年一月	九年三個月

方錫經	一九九三年二月至一九九九年一月	五年十一個月
謝孟雄	一九九九年二月至二〇〇五年七月	六年五個月
張光正	二〇〇五年八月至二〇〇七年七月	二年
謝宗興	二〇〇七年八月至二〇一一年七月	四年
陳振貴	二〇一一年八月至二〇二〇年七月	九年
丁斌首	二〇二〇年八月	現任

15 謝孟雄董事長

自二〇〇五年十二月一日，謝孟雄接任實踐大學董事長職務，迄今共計十五年。謝董事長同時也是董氏基金會現任董事長及新光產物保險副董事長，學醫的他曾是國內婦產科名醫，後來從事教職，先後擔任實踐家專校長、臺北醫學院校長、實踐大學校長、第二屆監委等重要職位，謝董事長自己最喜歡的角色，還是「醫生」和「老師」兩職。常以童年在戰爭中逃難的困苦生活經驗期許師生，面對生活危機，要勇於接受困苦的挑戰。始終強調「遇到經濟蕭條，更要懂得以享有代替擁有，要有物質生活簡單，精神生活豐富的觀念，實行簡樸的生活，不要有太多的貪欲。」

謝董事長常舉自然界面對寒冬考驗為例：

植物在寒冬中落葉是為減少水氣蒸發，靜待春天萌芽；動物在寒冬中冬眠，是為了度過食物匱乏的寒冬，這些道理，值得深省。比喻人生就像春夏秋冬，不會天天是春天，總有遇到不順遂的時候，在寒冬中，不要放棄希望，沉潛修練，減少耗損，重新檢視自己的生活態度，人生最後會有冬過春來的時候。

謝董事長非常熱愛攝影，喜歡在旅途中，用鏡頭記錄任何觸動心靈的畫面，原本是移動的落葉、水流、人影，定格後留住的是剎那間絕美的永恆。其攝影作品曾三度獲邀到國父紀念館的中山國家畫廊展出，但努力自學，技藝幾已臻巔峰，連攝影名家郎靜山都十分佩服，特別是拍攝探戈舞者，畫面充滿節奏感。前後長達四十年持續不斷地攝影，先後發行《天鵝湖》、《跳躍的音符》、《舞》、《探戈》、《鏡頭．印象：謝孟雄奧塞藝術》等攝影集，多次受邀赴大陸、香港等地舉辦攝影展。

謝董事長亦屬於「讀萬卷書，行萬里路」的實踐者，可媲美明代著名的旅遊家徐霞客，有過之而無不及，遍遊全球，特別鍾愛歐洲的旅遊。他常常強調：「旅遊前，我一定會深入研究資料，瞭解該國的人文、歷史，所以我的旅遊跟別人很不一樣。」

謝董事長攝影作品題材相當多元，動靜兼具，從表演藝術如：芭蕾、探戈、世界人文地理、各地風土民情、城鄉風貌、文藝復興風華再現、教堂、名畫、雕刻、生活寫實到舞臺上的表演及印象派的油畫，其作品皆呈現藝術美學的極致與風貌，其攝影風格更表現出其豐富的人文涵養與實踐精神。

二〇一六年六月出版《心的壯遊：從捷克波希米亞，觸動不一樣的人文風情》一書，李清志副教授於序文中特別推崇他有如達文西，是位不折不扣的「文藝復興人」，身兼醫學理性與藝術浪漫。喜歡用醫生的銳利眼光去觀察城市，卻用藝術家的心懷去感受城市，以至於閱讀他的文字與圖像，可以感受到一股澎湃「壯遊」（Grand Tour）的熱情。

二〇一五年二月新聞界鄭貞銘教授編輯發行《百年大師》，選出百年來，能夠激勵兩岸青年之典範大師。該書合計收錄聞名兩岸教育家，包括：張伯苓〈中國不亡，有我！〉、梅貽琦〈大學在大師，不在大廈〉、蔣夢麟〈有魄力，有擔當〉、張其昀〈美哉中華，鳳鳴高崗〉以及謝孟雄〈人文生活化，生活人文化〉等十位教育群賢前輩並列，可說是推崇備至。

謝董事長在我擔任校長九年期間，秉持創辦人「勤勞是快樂的」遺訓，每天上午到學校上班，其在擔任本校董事長之前，曾前後三度出任校長職務，任期合計二十二年，加上擔任董事長亦達十五年之久，前後超過半世紀的青春歲月奉獻給實踐大學。誠如《實踐的陽光》一書中高希均等學者稱譽謝董事長的精彩人生故事，其一生的生涯歷程，同步見證實踐大學一路從二專、三專、學院以及大學各時期的成長與發展，其個人的生涯故事，可說與全體實踐人榮辱與共。

16 發展大學特色

我致力推行的「精進課程特色計畫」，主要奠基於校內特有的「五搭元素」，以企業參訪、業師協同教學、專題製作、專業證照、就業相關學程、產學合作、大四在業彈性學習、國內外工作營（坊）、競賽、實習、展演，以及教師赴公民營機構研習服務或帶薪深耕服務等多元方式，規定每系從中挑選至少五個項目落實，以加強產學鏈結，培養學生的就業能力。

同時，更以「院」為單位推動課程革新，建立「系所學程化」，讓學生依據個人興趣與未來發展，選擇更專業精進的學習領域；加上比照技職體系的實習機制，針對大四下學期的課程進行調整，目前各系所均與企業進行實習合作，使得實踐人於畢業後與職場能達到真正的無縫接軌。

翻開二〇一九年《遠見》最佳大學排行榜，實踐在文法商科大學榜由二〇一六年第二十名進步十名。在分項指標中，國際合著論文比率排第七、雙聯學位人數第三，在推廣及產學收入，更從原本的後段班，大幅躍升了四十一名。

在實作領域，實踐也見長。二〇一九年五月的金點新秀設計獎，由工業產品、服裝設計兩系，囊括十四個獎項，包含三座年度最佳設計。

二〇二〇年四月二十三日《遠見雜誌》報導臺灣最佳大學排行榜，實踐大學獲最佳進步獎。四月二十七日該校管理類十三系所全數通過高評中心一〇八年度品質保證認可。六月三十日《遠見雜誌》公布全國一百一十一所私立大學中，銘傳與實踐大學獲得最佳進步獎，排名第十二、十三名，實踐大學在文法商類全國排名第八名，個人實感與有榮焉，或許也可以作為個人獻身高教數十年來的象徵性禮物。

我獻身高教四十餘年，前後擔任長達二十一年的大學校長，先後執掌過靜宜大學、帶領嶺東技術學院轉型為科大，於二〇一一年回到曾經任教的實踐，前後擔任三屆九年的校長職務，完成階段性任務後卸任。尤其是在擔任兩所大學校長後，能夠在我職涯最富有經驗的期間，再度陪伴實踐大學邁進二十一世紀的發展進程，實屬我從事高等教育與學術生涯旅程中最值得回憶的珍貴時光。而「大學治理」絕對是一份任重道遠的教育志業與工程，董事會及董事長是否能夠充分信任與授權，往往是其間經營成敗的關鍵性因素。

第九篇

診斷高教　領袖群倫

——高教危機，如何永續經營？

1 少子化浪潮的衝擊

「首波少子化浪潮二〇一六大限」到了，大學真的刮起了少子化風暴，雖然來勢洶洶，但尚屬初級暴風，與大家的預期落差不大。

二〇一六年八月八日大學指考登記分發及放榜，一般生錄取率達百分之九十七點一一。共有六十六所大學參加考試分發，但缺額校系有二十三校、二百零三系組，人數高達二千九百五十三人，「零缺額」大學剩四十三所，是史上最少，缺額學校占百分之三十四點八五，其中有六所大學缺額率超過百分之五十，也創史上新高。

在科技校院方面，四技二專聯合登記分發於同年八月一日放榜，一般生錄取率為百分之九十一點九三。二〇一六年共有八十二校參加登記分發，但缺額學校有五十所，占百分之六十點九八，人數達一萬零二百八十七人，其中有二十一校缺額超過百分之五十，「零缺額」學校剩三十二所，計國立二十二所、私立十所。

二〇一六年臺灣共有一百五十八所大專校院，當年參加考試分發和聯合登記分發的學校有一百四十八所，單是這個管道就有七十三校有缺額（占百分之四十九點三二），人數合計一萬三千二百四十人，如果再加上日、夜間部單招學校缺額，總缺額保守估計應達二萬人以上。

一葉知秋，科技校院的缺額比普通大學多得多，可見技職體系受到的衝擊遠比普通大學來得大且嚴重。依照教育部推估，當年大一新生人數為二十五萬二千人，如以前一年整體註冊率約百分之七十五計，二〇一六年「核定名額」實際缺額約為六萬三千人，遠多於錄取缺額的二萬人，這個大缺口只有靠「外加名額」，即境外生來補足了。

少子化衝擊的結果，牽動招生不足的系組要裁併或關閉，導致招不到學生的學校要退場或轉型。行政院於二〇一六年八月初通過「大專校院轉型與退場基金設置計畫」，預定未來四年逐年編列五十億元經費，在維持公共性前提下，協助受影響的學校退場或轉型。

臺灣每年約有四千名博士畢業生，但大學因少子化人事緊縮，只能雇用約七百名（含留學回國四百名），導致部分博士找不到專職工作，或被大陸大學延攬任教。我曾大聲疾呼教育部利用這次機會編列專款預算，協助這些年輕博士就業或是創業，千萬別讓他們成為一群被臺灣拋棄的「學術移工」！

自二〇二〇年起臺灣掉進少子化的第二波斷崖，深不見底，一直到二〇二八年，屆時大學會有一連串的倒閉潮，重者關閉退場，輕者瘦身及縮小學校規模、系所整併，最後只有有特色的校系才能適者生存，其餘皆被淘汰出局，不然就是要全校大步邁向國際化，成立國際學院，開設全英課程，擴大招收境外生。

2 危機考驗全國私校

生源短缺、經費不足、學用落差、排名下滑、自主不夠，臺灣高等教育在「五缺」問題交相進逼下，已經進入史上最嚴酷的寒冬，十年內恐有數十所大學倒閉。為能在教育市場上永續發展，不步入「經營不善」的惡果，向來不以營利為目的的國內大學近年也開始重視與加強大學治理能力，並且引進美國實施五十餘年的「校務研究」（Institutional Research, IR）系統，成立校務研究辦公室進行校務治理，力圖追卓越、求生存、拼轉型。

從一頁大學治理與校際競賽過程，我們深刻體會「創業維艱，守成不易」的基本道理，針對大學發展議題，理應即時健全各種發展機制，以期邁向卓越與永續發展。

近年來，由於知識經濟時代已揭開序幕，世界貿易組織推動的貿易自由化，加速全球化的腳步，資金、人才、技術及商品在國際間快速移動，以及產品生命週期快速短縮等現象，衝擊了全球包括臺灣的經濟與社會結構，亦影響了永續發展的落實方式與成效。

永續發展（Sustainable Development, SD）不等同於生態化或者環境保護，一般認為它由三方面內容構成，其三要素包括：環境要素（environmental aspect）、社會要素（social aspect）以及經濟要素（economic aspect）。從製造業到金融服務，世界級的大企業都不約而同指出，「永續」（sustainability）將是未來百年的成長密碼。就大學生存發展而言，環境要素主要是國內與國際競爭已趨白熱化，社會要素主要是少子化浪潮的影響，經濟要素主要是財務來源與預算平衡等議題。

二〇一五年一月一日我出版《大學倒了沒？》一書，斗大標題震撼教育界，也似乎是提醒家長、學子，臺灣高等教育環境不同以往，想決定未來成為有競爭者的人才，一定要先瞭解趨勢！而大學面對少子化能存活的關鍵，就是走自己的路，用特色系所培養具有專才的獨特學生。

前教育部長黃榮村曾於《大學倒了沒？》序文中說：

> 該書從大學教育的問題與挑戰談起，分析少子化與招生、學雜費調漲、大學與教師評鑑、大學退場等問題，接著談如何拯救大學，聚焦於人才培育、招收陸生僑外生及大學專業化等議題，最後則表達一位大學校長的內心話，包括陳校長的生涯點滴、志願服務歷程、非洲歷險記及其個人巧合的政治靈驗經驗談等，內容十分值得參考。

總統府資政林澄枝於《大學倒了沒？》序文中說：

> 臺灣大學教育走過數十年的歲月，其間的巨大變遷，若非局內人，實在很難以體會。近年隨著少子化的浪潮逼近，各大學莫不倍感壓力，身為

掌舵手的校長尤其肩負使命，思考如何化危機為轉機，帶領學校走出一條不一樣的道路。

3 私校經營要靠本事

我於《大學倒了沒？》一書〈自序〉中說：

少子化的來臨可能造成高教的大海嘯，我以大學校長的身分，對此問題特別有感觸，藉機會對高等教育的資源分配、評鑑制度、學雜費調整、大學退場機制等問題作全面性檢討，同時提出了包括擴招生源、解決人才問題、大學國際化等面向之因應之道，全書共分十四章，包含相關主題，同時也把我的生平經歷融入其中，我希望陳述個人看法，針砭高教現勢，並提供管見，為大學創造新的契機。

該書由時任中央研究院副院長陳建仁、社團法人臺灣評鑑協會理事長劉維琪、鈺德科技股份有限公司董事長張昭焚以及國立政治大學校長周行一聯合推薦。

第一篇「大學教育的問題與挑戰：為大學教育把脈」，分別論述：〈大學做不好嗎？大學倒了沒？〉〈少子化與招生：生源何處尋？〉〈學費面面觀：念大學划得來嗎？〉〈大學現場：學生在念書還是打工？〉以及〈教授失業？大學的教授評鑑制度〉。

第二篇「如何拯救大學？」，分別論述：〈建立有效的大學退場機制兼談大學董事會的功與過〉〈從人才培育談起 人才哪裡尋？〉〈招收陸生是解決問題還是製造問題？〉〈大學專業化：以實踐大學設計學院為例〉以及〈「嘮叨」的校長〉。

第三篇「校長的內心話」，分別敘述：〈實踐志願服務 博愛基金會的扎根與落實〉〈從赤腳到換穿學術的皮鞋〉〈海外招生甘苦（非洲歷險記）〉以及〈政治隨筆：巧合乎？我是章魚哥？〉，屬於個人學思錄。

少子化、低註冊率、國際競爭力低落等問題層出不窮，臺灣高教是否即將崩盤？如何自救？二〇一八年一月十五日我在接受《評鑑雙月刊》陳曼玲專訪時，高聲呼籲，高教「公共化」不等於「公立化」，建言教育部應立即行動，公立大學最遲應於二〇二〇年度起，每年與私立大學等比例減招，否則二〇二八年私立大學可能完全消失！政府並應立即規劃公立大學退場機制，淘汰國立大學末段班，進行公私立大學校數與學生人數重分配。

臺灣面臨少子化危機，二〇一九年一月十二日我在接受《中評社新聞網》訪問時亦詳細分析，臺灣未來九年內一定會出現大學退場潮，若公立學校學生人數占總數百分之三十五到百分之五十，且不減招，現在一百一十一所私立大學有三分之一將會退場。此外，為解決少子化以境外生來補足最容易，其中陸生因為語言、飲食習慣大致相同為最好的選擇。

但因兩岸錯綜複雜政治因素以及新冠肺炎疫情的影響，臺灣要招收大陸的學位生與研修生將日益困難，若情況未獲得改善，有一天臺灣零陸生並非不可能。

4 大學競爭日漸激烈

依據「高等教育評鑑中心」研究發現，若依學生數將學校進行分類，分為大規模（一萬人以上）、中規模（五千至九千九百九十九人）及小規模（未達五千人），即綜一至綜三，共三類型。一九九〇年時，臺灣地區大規模學校僅占百分之七點四，中規模學校占百分之二十五點六，小規模學校最多，占百分之六十六點九。

此後，學校規模類型開始轉變，中、大規模學校大幅增加，小規模學校逐步減少，至一九九六年，中規模學校所占比例已超越小規模學校，大、中、小規模學校占比分別為百分之八、百分之四十七點五、百分之四十四點五，至二〇〇八年，大規模與小規模學校所占比例皆為百分之三十點七。二〇一五年，大規模學校占百分之三十一點七、中規模學校占百分之四十點五、小規模學校占百分之二十七點九。已趨於各占三分之一比例。

臺灣地區於二〇一四年度共有一百五十九所大專校院，整體來說許多大學校院的學校定位和特色，並沒有明顯的區隔性，除了師範、軍警、藝術、體育與醫護校院等有較為專門的發展外，其他多以綜合性大學為走向。

但是由於少子化與全球化的衝擊，學校若缺乏特色領域、學院或系所，容易在面對外界挑戰時面臨生源與財源不足的問題。故各大學應結合所在地區的優勢特性、產業發展，或學校長期願景，積極建立具有市場區隔性的特色和教育內涵，確保未來的永續發展契機。

根據教育部的統計，二〇一六年度是第一波少子化衝擊大學校院招生的起點，入學新生人數預估較二〇一五年度減少五萬人。少子化不是九十度的直切法，而是冰山崩盤的效應，在學生人數與學校數量失衡的情況下，未來招生缺額恐將導致高達半數的大學校系面臨退場的窘境。

教育部研擬《輔導私立大專校院改善及停辦實施原則》，訂出多項指標，包括學生總數不及三千人、且連續兩年註冊率不到六成，以及評鑑、教職員工薪資發放狀況、經營違規等，找出較差的私校，協助其改善或退場。

教育部公布二〇一五年私校獎補助款原則，在三十九所私立大學中，除基督教臺灣浸會神學院放棄申請，其他三十八校都獲獎補助。教育部表示，至二〇一六年起獎補助款改設門檻，前一年或兩年的新生註冊率只達百分之七十至八十扣減百分之三十；百分之六十至七十扣減百分之四十；百分之五十至六十扣減百分之五十；若低於百分之五十，將失去申請資格。私校每年總經費中，百分之五到百分之十是來自教育部提供的獎補助款，教育部每年提供私校逾三十一億元，其中二億五千萬到三億元須作為弱勢助學金。

5 策略性的深耕計畫

一九九四年《大學法》修訂實施以前，我國大學校院運作之典章規則，基本上是由行政主管機關教育部訂定，大學本身並無太多自主治校空間。自《大學法》修訂，強調學術自由和大學自治的精神，關鍵性地改變了國內大學教育的運作型態。政府對大學發展亦逐步鬆綁，舉凡大學組織、人事、課程、招生、師資聘任等事項，均漸回歸由各大學自主運作。

大學的自主化，雖是時勢所趨，此種快速的變遷，卻也造成主觀認知的落差和整體環境配合步調不一的問題。面臨重大轉型之契機，諸如國際的競爭、教育的目標、產學的合作、特色的建立、課程的更新、進退場的機制等，均遭遇前所未有的挑戰與變動。

公私立校院在多元化、自由化、民主化、國際化的衝擊下，應以新的思考模式，採納新的管理機制，提升高等教育質量兼優的發展策略來因應，方能及時建立新的校園文化體系與價值觀念，發揮高等教育的新時代功能，才能促進整體社會的進步與國家競爭力的提升。

大學自主的精神引發一系列的教改措施與活動，而廣設高中大學是其中重要的一環。此外，自二〇〇四年起實施大學評鑑，二〇〇五年實施以競爭機制引導大學分類發展政策，實施教學卓越計畫、頂尖大學計畫等，加上二〇一六年少子化的來臨，使臺灣高教環境起了空前的變化，大學的治理與經營也面臨空前的挑戰。

教育部於二〇一七年先後提出二〇一八至二〇二二年度「高教深耕計畫」及「玉山計畫」，輔以科技部相關計畫，希望能兼顧各面向的發展，並加強國內外年輕學者的延攬與留用。各大學不但要配合教育部的腳步，更須突顯辦學特色，利用各種可行方法彌補政府政策之不足，謀求財務自足，在少子化風暴之後，大學重新洗牌，適者不但得以生存且更可屹立於國際。

為引導大學關注教學現場，落實提升教學品質，維護學生平等受教權，並持續協助大學追求國際一流地位及發展卓越研究中心，教育部重新思考高教發展與資源分配因應對策，參酌各界意見研擬「高等教育深耕計畫」，分為第一部分「全面性提升大學品質及促進高教多元發展（維護學生平等受教權）」，及第二部分「協助大學追求國際一流地位及發展研究中心（強化國家國際競爭力）」，兩大主軸推動，以改善教學品質及提升學習成效為核心，並鼓勵各大學在此基礎上發展多元能量；對於以培養研究人才為重心的學校，亦將持續編列合理穩定的經費全力協助發展，共同提升高等教育價值，教育部強調並非以「齊頭式」方式解決高教資源分配不均的問題。

為因應臺灣現代高等教育發展趨勢，提升教育品質使其永續發展，營造大學自主環境，並賦予績優學校辦學之彈性，近年來，教育部除已逐步修正法令，賦予大學更寬廣的經營空間，更藉由健全評鑑制度、研訂競爭型經費補助計畫、深化產學合作、全英語授課與雙聯學位，以及開放陸生來臺與採認大陸學歷等各項措施與方案的推動及實施，積極提升國內大學教育的水準。

6 競爭型引發大競賽

教學、學輔、國際化特色、大學社會責任及研究等，皆是「高等教育深耕計畫」重點。教學創新可延伸至研究，國際競爭與研究中心也應該包含教學及人才培育之面向。此外，為延攬及留任優秀人才，學校可運用「高等教育深耕計畫」補助經費百分之四十作為人事費（限於新聘專任教師，改善大學師資結構）及彈性薪資（現有及新聘人員）使用。另針對獲「國際競爭」及「研究中心」經費補助學校或研究中心，為提高其延攬國際優秀人才之機會，學校也可以運用百分之二十經費作為彈性薪資。未來可朝薪資結構調整，落實公教研分流方向努力，以利留才攬才之長期布局。

另為改善過去各類競爭性計畫績效指標過多過細衍生大學同質化問題，高等教育深耕計畫已減少固定量化簡化指標數量並由大學依發展需求自行訂定，以落實大學多元發展特色的目標，並將投注適當比例經費於與教學直接相關面向，使經費落實於教學現場。

二〇一八年度總經費為一百七十三億元，預計五年挹注八百五十億元，比過去頂大、典範科大及教學卓越等三大計畫相加起來更多；當時教育部次長姚立德表示，經費配置分為兩部分，二成經費將依各校規模提供基本需求、八成經費用來發展大學特色。

行政院核定教育部所提「高教深耕計畫」，未來五年將有八百六十八億五千萬元經費投入高教，平均每年一百七十三億七千萬元，比過去的頂尖大學、教學卓越與典範科大等競爭型經費的加總每年一百一十八億元高出五十五億七千萬元。第一部分「全面提升大學品質及多元發展」，一年編列一百一十三億七千萬元，至少百分之五十會用在教學上。

臺灣目前有一百六十所大專校院，約一百二十三萬名大學生，這些學生是未來社會的中堅分子，也是社會進步的原動力，所以大專校院與社會的結合對於在地發展顯得格外重要。

然而，現代企業經營在追求獲利的同時，結合企業能力與資源、瞭解社會需求、對於整體環境做出具體貢獻、創造企業和社會共榮的景象，這就是大家熟知的企業社會責任（Corporate Social Responsibility, CSR），從企業社會責任到社會創新，知識創造與人文素質在過程中，扮演著重要角色，這些更是大專校院核心價值，也是當今社會不可或缺的一環，可惜臺灣一般家族化傾向之私校董事會，大都未能深切體察到這種趨勢。

7 強調高教的公共性

教育部自二〇一八年度開始推動「高等教育深耕計畫」，期望大學培育出各級各類多元優質人才，協助大學依其定位發展多元特色，進而帶動國家整體的幸福與繁榮。

教育部為達成此願景，主張以「連結在地、接軌國際及迎向未來」為主軸，以「落實教學創新」、「提升高教公共性」、「發展學校特色」及「善盡社會責任」為目標，協助各校依本身優勢發展特色，配合社會趨勢及產業需求進行教學方法創新，引發學生學習熱情，培養學生關鍵基礎能力及就業能力，以達到「適性揚才」之目的，並使高教經費配置能更為廣泛地關注到每位學生的學習需求，創造高等教育價值，帶動社會創新活力。

依據教育部二〇一八年二月十三日公告高等教育深耕計畫審查結果，實踐大學獲教育部補助高等教育深耕計畫六千六百三十二萬元，銘傳大學七千三百六十八萬元，世新大學六千零一十六萬元。大學社會責任補助計畫（USR），實踐獲得A類：雙北都會區原住民青少年培力計畫。深耕計畫主題為「教學創新優質育才 打造實踐亞太願景」。

高教深耕計畫第一部分主冊計畫核配經費規模共計八十八億元，一般大學及技專校院各分配四十四億元，其中二成經費係依學校規模核給，其餘八成依計畫書內容審查結果決定。計畫書之審查強調大學自身與未來發展目標進行比對，著重大學依自我定位、學校性質及發展基礎，發展自身多元特色，自行訂定優勢重點發展的面向。二成經費所指之學校規模，係以學校的學生數與教師數計算，且考量高教深耕計畫以學生學習成效為主體，關注學生關鍵基礎能力及就業力，以各校學生數與教師數分別各占七成及三成的比例核算。

高教深耕計畫係整合各類競爭型計畫，讓學校以五年為期進行長期發展規劃，惟未來每一年度補助額度仍須依學校計畫執行成效之評核，作為次一年度調整補助經費額度之依據，惟非要求學校每年重新提計畫審查，讓大學得以長期穩定發展。

學生為教育的主體，大學教育應以人才培育為第一要務。本次高教深耕計畫盤點整合高教經費，強調全面性關照各大學之發展，惟在經費分配上仍考量不同大學有不同使命及任務，編列合理穩定的經費，整體改善教學環境、協助學校建立特色，亦引領大學發展優勢領域展現多元國際競爭特色。

8　高中學習應正常化

二〇一七年二月六日臺灣教育史上首次由高中校長、主任、督學、大學教授自主提出連署，主張大學招生程序應在高中生畢業後再啟動，自新聞發布後已有二百五十二人表態參與；我當日即主動表態，成為首位參與連署的大學校長，「應該讓高中學習正常化，大學端也不該為了搶學生形成角力」。

二〇一七年二月六日臺大電機學系葉丙成教授於臉書上發表感佩實踐大學陳振貴校長成為第一位願意支持高中完整教學的大學校長！「陳校長在新聞媒體對考招的發言，真的精闢。」

站在大學端，明顯感受到高三學習不完整導致學生的學力不足，大學也因此要「補」，例如推甄後讓學生先到大學選修、開設暑期學院等，「但源頭應該是讓高中學習正常化，大學端也不該為了搶學生形成角力」。我完全支持「高三教學完整」，讓高三的學習正常化，站在大學端，也一定會全力配合；同時呼籲教育部好好督導招聯會，以高中完整學習為最重要的考量，讓教育部一〇七國教改革的理想及一〇八課綱，能夠真正實現。

「大學，請讓我們好好教孩子」連署，針對大學考招連動規劃，提出高中端的改革構思，除了考科、課程等細部規劃，最大更動在於要求七月再實施大學個人申請，還給高中三年完整的學習時間。

9 私校進行自我課責

自二〇一六年度起，國內的高等教育面臨嚴峻挑戰，主要有五大問題：少子化的衝擊；大學教育的公共化與市場化亟需適切定調；大學須做好自我課責，擴大大學自主性，以及大學國際競爭力下滑問題。為因應上述高教的五大問題，我特別建議：

一、鞏固並創新大學教育基本面

全面提升大學教學品質，強調以學生為主體，並即時配合資訊科技產業之發展，調整系所與教學內容；規劃以學院為中心之跨領域學位、學分學程；強化產學鏈結，提升學生就業力與國際移動力。

二、發展大學特色，善盡大學社會責任

明確各大學之定位，全面發展學校特色；強化大學與企業及社會的合作，為大學教育與產業人力需求之鏈結作貢獻，並協助解決年輕學者、流浪博士的就業聘任問題。

三、透過校務研究，優化校務治理

加強與互動關係人之對話，定期公開校務、財務資訊；健全內控制度，增強政府與社會對大學的信任。同時，提升推廣教育與產學合作成果，發展大學衍生企業，充足學校財務。

四、大學鬆綁

教育部應調整與大學互動關係的角色，由「管理者」調整為「輔導者」，在各種相關政策上擴大鬆綁，包括學費鬆綁，「教育部要做的，應該是宏觀調控，而不是微觀細調」。

五、深化大學國際化，打國際盃

臺灣各大學為因應少子化，須實施全英語教學、開辦國際學院、華語中心，擴大招收境外生，是唯一求生之道。為提升國際競爭力，必須深化國際化作為，因此首先應塑造大學國際化的環境，從中長程來看，政府可考慮推動英語成為第二官方語言。其次，強化大學國際事務相關單位的組織、人力與資源，擴大國際參與。最後是經費投入，除政府出資協助頂大強化國際、研究能量外，其他大學也酌量自籌經費，挑選專長領域打國際盃。

總之，各大學不但要配合教育部於二〇一八年提出二〇一八至二〇二二年度「高教深耕計畫」與「玉山計畫」的腳步，尤須彰顯辦學特色，尋求財務自足，運用各種可行方式彌補政府政策之不足，期望能在少子化危機的衝擊下得以生存，乃至屹立於國際。

10 如何因應高教危機？

我曾幾度呼籲教育部除放寬境外生招生名額上限外，高教深耕計畫打國際盃的頂尖大學校數更應少於四所，其他大學則發展具自我特色的國際化，否則一旦境外招生失利，國內大學恐將倒一半。教育部並應實施差別化學費政策，放寬私校學費管制，開辦公費產學專班培養基層勞動力，促進公私立大學公平競爭。

問：您怎麼看臺灣當前面臨的高教危機？

答：目前臺灣高教正面臨四大難題：一是人盡皆知的少子化衝擊；二是大學教育究竟應朝公共化還是市場化發展，必須儘速定調；三是在擴大大學自主、鬆綁大學管制的同時，教育部與社會又擔心私校，尤其是末段班私校會辦學不利甚至「作弊」，只好對所有大學一視同仁，要求照同一個標準辦學，呈現兩難的拉鋸戰；最後則是國際競爭力下滑，大學國際排名落後；學用有落差，學歷貶值；以及國際人才競爭失利。

問：少子化對私立大學衝擊最劇，您贊成公立大學同步減招以化解私大生存危機嗎？

答：公立大學合理減招勢在必行，而且非做不可！二〇二〇年起臺灣生源每年急速減少，至二〇二八年剩下不到十六萬，若公立大學仍維持現有名額不減招，推估屆時私立大學根本分不到名額，全臺將只剩下公立大學，私立大學可能完全消失，或頂多僅存五、六所私校，每校四千人，辦學好的私校將面臨轉型退場的懸崖，臺灣會成為一個只有極少數或根本沒有私立大學的國家！

我曾與幾位校長向民進黨智庫確認，「高教公共化」政策是否等於「高教公立化」？他們直接告訴我「不是」，公共化不等於公立化。既然如此，政府應儘速拿出作為，讓公立大學與私大同步合理減招。

目前私大學生數占了三分之二，是留在國內市場的主要基本勞力，若政府對公私立大學的管理方式不變，又勉強維持公立大學招生人數，且無財力投入更多高教資源，將導致教育品質下滑，學生素質降低，國際競爭力再跌。為維持臺灣的國力及高教健全發展，公立大學必須即刻循序調整，一面減招學生，同時進行人事瘦身。

問：您認為公立大學合理的減招幅度是多少？

答：目前公私立大學招生名額比為三十二比六十八，教育部早應於二〇一八年採取行動，公私立大學招生名額每年以一比一原則同步減招，最慢二〇二〇年起要實施，以固定維持公校學生占百分之三十二、私校生百分之六十八的現行比例為原則，並讓缺乏特色、辦學不佳的末段私校退場。

總之，公立大學招生名額應與私校減招一起連動，學校才能相對獲得更多資源，辦得更好。目前公立大學也有辦學績效差、缺乏競爭力的末段班，因此我認為，轉型退場的對象不能只限私校，政府也應即刻規劃公立大學轉型退場機制，淘汰末段班的國立大學，尤其不符合社會需求的系所，而不是只有整併而已，因為學校整併後，學生人數與教職員額並不會變少。

國立大學的老師是「公務員」，經常缺乏改革動力，尤其在一些後段大學，只要校長推出新政策，老師就想盡辦法不讓他連任。但公立大學的老師不是更該求進步嗎？懇切呼籲政府藉此少子化的轉型機會，提出國家高教發展戰略，立即規劃臺灣的大學適當規模方案，進行公私立大學校數與學生人數重分配，盼望未來存活下來的公私立大學都能立足於國際。

11 私校如何打國際盃？

問：現在臺灣能打國際盃的大學不多，應如何解決？

答：要緩解少子化的衝擊，臺灣的大學只有一條生路，就是國際化！除了公私立大學同時等比例減招，以及辦學不佳學校退場之外，各校還要大量引進境外生，彌補本國生源不足。首先要製造一個國際化的校園，例如全英語教學、華語文中心，並提供境外生宿舍，讓他們有完整的學習環境，但大部分大學並沒有做到。

預估到二〇二八年，少子化將會波及所有學校，前段班大學應可大致保持完整，中後段班學校則有的退場、有的大瘦身，而未來不夠國際化的學校，就只能招本地生，或少數會講華語的東南亞學生。但若境外生招生失利，屆時可能全國一半大學都得退場或轉型！建議教育部將每一類境外生，包括陸生、僑生、外籍生的外加名額上限都再往上提高，大學才會放手衝這一塊，好好的打國際盃。

問：臺灣各大學國際排名落後，要怎麼打進國際盃？

答：國內大學國際競爭力近年開始下滑，這次高教深耕計畫有一個隱憂，就是政府為了兼顧平等原則，決定打破過去以M型化競爭型經費引領高教發展的模式，將資源平均化與普遍化，讓各大學經費雨露均霑；此舉有助於高教體質的整體調整，對一般大學有利，但卻不利於頂大打國際盃，甚至會危害到頂大的世界拔尖，最終導致國際競逐失利，國際排名節節敗退。

雖然我不是臺大校友，但十分贊成臺灣只要有三、四所頂尖大學就好，政府應把之前五年五百億計畫分給十二所頂大的經費全部集中給這幾所大學，其他大學就不要再不平了！

至於中端或中上端大學打國際盃的方式，不是去競逐世界排名，而是要用自己的特色發展「具有自我特色的國際化」。例如實踐大學在國際設計比賽上無役不與，學校都會編列足夠經費，讓設計學院系所在國際舞臺上充分發揮。

12 該如何因應新南向？

現階段蔡英文總統推動的「新南向政策」四大工作主軸中，以人才交流和各大學最為相關。南向政策從李登輝總統時即已開始推動，現在算是南向政策的3.0版，以此區塊的大學教育而言，更是名副其實的3.0版。

由於政府過去的努力，二〇一五年度境外生人數已達十一萬零一百八十二人，其來源以東南亞為主，學位生人數前五名依序為馬來西亞、中國大陸、香港、澳門、越南，此外，印度、印尼、緬甸的人數也快速成長。值得一提的是在馬政府的推動下，二〇一五年度大陸學生人數已達四萬一千九百二十七人，包括學籍生七千八百一十三人、研修生三萬四千一百一十四人。

二〇一六年度新南向國家在臺灣大專校院就讀的學生已有二萬八千人，教育部規劃以百分之二十的速度成長，二〇一九年達五萬六千人，整體境外生人數到二〇二一年希望可達到十五萬人。對於推動新南向的人才交流，我建議：

一、為因應大學少子化，各大學必須招收境外生，我們要守住最大的境外生市場：中國大陸。二〇一六年之後大陸學生，受兩岸政治影響人數銳減，已出現警訊，招收陸生屬民間交流事項，如果可能各校宜更加努力。

二、各大學須具體編列人力與經費，積極配合教育部的新南向政策，參與各項相關的活動。臺灣的競爭對手至少有中、日、韓等國，要建立學校品牌化、國際化及特色吸引境外生，才能贏得此場競爭。

三、為呼應南向學生之需求，各校應全面設立全英文教學系所或學程，並設立華語中心，開設華語課程。為一勞永逸，建議各校全力配合蔡政府的規劃，將英語列為第二官方語言的政策，加強落實。

四、各校亦應該開設東南亞語言及政經文化課程，提供學生修習。

五、建議教育部鬆綁外籍生與僑生各只能外加百分之十的限制，目前雖各校皆沒招滿，但只要額度再放寬，各校有更大的衝刺空間，應會更加努力。目前大陸研修生人數不計列生師比，即是活生生的例子。此外，希望教育部公布註冊率時，也將各校招收的境外生人數一併計列百分比。在百分之十以內只能計列外加名額，超過百分之十時才同時列作分子分母計算，這不只能呈現各校確實的學生人數，對各大學也是一項肯定與鼓勵。

13 資源又該如何分配？

問：提到經費，您怎麼看高教公共化與市場化的拉鋸？

答：阿里巴巴集團創辦人馬雲的前首席執行長張勇曾說過一句話：「政府要如植物，企業要如動物」，個人認為「教育部要如植物，大學要如動物」；亦即教育部應像植物般提供養分、資源、方向、引導，為大學製造成長環境，大學則像動物般在此環境中吸收養分，然後自行發展、茁壯、健身，邁向國際。

大學一方面希望教育部提供資源，一方面也希望教育部在引導發展方向的同時，不要處處綁手綁腳。但事實上，許多教育政策受制於民間高教團體和立委的聲音，用政治綁架教育部，教育部則綁住大學，學雜費乙案，就是明顯例子；臺灣與OECD國家相比明明就是低學費，學雜費不調漲只會使各大學辦學益發捉襟見肘，更加慘澹經營。

公共化與市場化是兩個極端，都會使教育陷入不均衡的危機。建議採取公共化與自由化的公私混合政策，用政策性補貼方式培養社會所需或不足的人才，用類似公費培養偏鄉醫師或教師的做法，以公費或產官學合作補貼、培養基層勞工，讓他們不必先就業即可順利就學，有助於解決基層人力失衡與缺工的問題。

問：實際怎麼做？補貼學校還是學生？

答：蔡英文總統提出高中畢業生「先就業再升學」政策，想改變家長的價值觀，但家長卻普遍認為耽誤孩子學習；若能改成以公費直接補助學生學雜費，鼓勵他們念技專校院所開設的產學專班或一般大學進修部，既能拿學位，也能補基層勞動力之不足。雖然學校沒有拿到開班補助款，但只要政府願意補助學生學雜費，大專校院不愁沒有學生來源，就會配合開班。

另外，高等教育亦應採用自由化市場機制的精神，公立大學學雜費標準可由教育部制訂，私立大學日間部學制則在教育部規定的原則範圍內，實施「差別化學費政策」，由學生市場做選擇，鬆綁私校學費管制，讓私校更有資源朝多元特色發展，並且刺激公立大學的效率，促進公私立大學之間公平競爭。

現在醫科與理工科的學雜費收費標準較高，文、社、商科的收費標準較低，我認為級距應該再拉大。對於本來就需較多資源才能符合教學成本的科系，教育部應有一個辦法讓私校可以調整學費標準。而且目前學雜費管控只有針對大學日間部，其他如研究所碩博士班、學位學程和進修部學分費已經可以由學校自行調整，早就差別化了，未來應該讓差別化更普遍化，否則學雜費問題永遠無解！臺灣高教在低學費的情況下既要求高品質，又要打國際盃，無異緣木求魚。

問：立法院擬修法讓實驗教育向上延伸至大學，您有何建議？

答：基於實驗三法的精神與高教市場的實際需要，立法院經過法案使一般公私立大學也可辦理實驗教育，也容許大學在一般學院系所之外成立實驗教育學院，而不要只開放單一實驗大學的型態。初期因學生人數可能較少，亦可先從實驗學程甚至隨班附讀做起，且政府不僅補助學生，也應補助學校開辦費。

招生、課程教學與收費三者，我認為是大學實驗教育的重點，其中又以課程教學最重要，困難度也最高，應由學生自主提出學習計畫，以學分銀行的概念跨域學習或線上學習，必修極小化、選修極大化、課程客製化，師資也必須再接受實驗教育學分。建議大學應有相關機制培訓實驗教育的教學法，未來在大學任教的實驗教育教師，最好都應先取得實驗教育證照。

二〇二〇年五月十六日教育部公告自一〇九學年度起，禁止技專校院及高職再新設藝術（設計）相關科系所，主因是學生人數比十八年前增逾一倍，已供過於求。

《自由時報》記者林曉雲特別採訪本人，因國內設計領域每年產出一萬五千名畢業生，而臺灣卻只能容納四千個職缺，我贊同教育部停止新設，但是呼籲要提升整體服務業的高值化，使產業服務業化，提振服務業的競爭力，藝術設計等相關領域畢業生才會有好出路。

14 關心高教終身志業

臺灣現有五十所公立大學、一百一十所私立大學，總共一百六十校，針對高教現況，可從學生招收人數層面加以分析，臺灣的大學錄取率約八、九成，加上陸續已有五所大學自然淘汰，顯示大學供過於求。學生人數則從二〇一七年的二十四萬一千人將一路下滑至二〇二八年僅剩約十六萬人，未來八年一定會出現大學退場潮。

個人認為，私校退場潮容易發生在偏遠的技職、沒有特色的學校，至於會關幾間學校？則得看公立學校學生人數是否有減少，因為公立大學學雜費少資源較充裕，學生會優先考量公立大學再來考慮私立大學，只要公立大學學生人數達到總學生數的百分之三十五至百分之五十，沒有強制減招，將消滅臺灣辦學優良的私立學校，現有一百一十間私立大學，三分之一面臨退場，受影響的則至少會有三分之二。

談及現在臺灣大學的困境，個人主張，私立大學為了因應少子化，過去教授月薪約新臺幣十萬元、副教授約新臺幣九萬元、助理教授約新臺幣八萬元、講師也有新臺幣七萬。但現在許多大學以專案、短期專任的方式來聘老師，博士的專案老師月薪僅新臺幣五萬二千元，這將使高知識分子尊嚴掃地，呼籲政府應多花點心思協助解決問題。

除了教師外，過去職員都以正職聘任，但現在大學端以約聘僱方式聘用職員的比例增加，這樣的方式大學面對少子化說裁就裁對於職員沒有保障，甚至後段私校還減少約聘僱職員的薪水，大學畢業者月薪僅新臺幣二萬、碩士也僅二萬五千元，真的太少了。

大學端該如何因應？針對政府端方面，少子化對於大學來說是非戰之罪，政府不應把學校當成壞人，而是優先協助轉型，並儘速通過《私立高級中等以上學校退場條例（草案）》，使大學退場問題的處理有專門的法源根據。

至於學校端方面，面對生員不足的問題用境外生來補足最容易，以實踐大學為例，就開設有兩個英語學位學程及三百五十門英語學分課程，提供境外生友善的學習環境。不過，陸生仍是最好的選擇，因為語言、飲食習慣大致相同，學校不用花太多的心力照顧陸生，且陸生來臺也喜歡臺灣的環境，像是臺灣的人情味等，只不過大陸生源很容易受到兩岸政治氛圍所左右，也潛藏許多不可預料的變數。學校為了永續經營，必須開源節流，除了拓展生員外，臺灣的大學學雜費應自主，解決學費偏低的問題，同時也可設立投資管理小組，增加投資、募款及其他方面的收入。

15 歷任校長克盡職守

我從小就喜歡運動，尤其跑步，曾於臺中一中高二時參加臺中市到東海大學來回二十四公里競走賽獲得冠軍；至今每天慢跑及做八段錦運動，並於二〇〇五年十月十三日曾完成攀登玉山紀錄，一直保持身心靈健康狀態。

一九八一年七月至一九八四年一月奉派赴美擔任姊妹校巴沙迪納社區學院交換教授並至諾瓦大學進修教育學博士；一九九三年七月至一九九九年七月再度回實踐擔任教務長、研發長、高雄校區副校長；二〇一一年八月至二〇二〇年七月擔任校長。前後四出四進實踐。

我在學術生涯以鑽研人文社會科學為主體，期許自己發揮人本精神，也涉獵多元化知識領域，以期能達成教育學與行政學的科際整合。也就是這樣的自我期許與努力，先後擔任國內外多所大學的校長，並兼在高等教育領域中，許多重要決策制定委員會以及基金會委員等重要職務，並且先後榮獲成功大學二○一二年度傑出校友成就獎、淡江大學二○一六年度傑出校友成就獎與臺中一中二○一八年學術成就類傑出校友獎的肯定。

二○二○年七月三十一日實踐大學出版《實踐剪影：璀璨九年》新聞集錦專輯，江岷欽講座教授撰述〈振衣貴自潔．長空有明月：陳振貴校長啟發我的一堂課〉，於最後結語時說：綜觀陳校長的校務治理，係以「力行實踐、修齊治平」的校訓為核心，以連接社會與人文關懷為權輿，培養勤勞務實兼具專業倫理的年輕世代，薪傳實踐大學的核心價值。陳校長以身作則，用團隊的方式提升治理品質、深化校園民主。

《中國時報》記者林志成於《實踐剪影：璀璨九年》新聞集錦中，形容個人是臺灣高教的「活字典」。《自由時報》記者吳柏軒撰寫〈高教馬蓋先、萬事通校長：陳振貴〉。另一位《中國時報》記者李侑珊則發表〈文教記者的超級盟友：無「議」不與的阿貴校長〉，於文中歸納個人發表高教議題，共有三項重點：一、無懼壓力，多次直籲教育部鬆綁學費調整機制。二、力挺大學自主，為臺大校長遴選案發聲。三、透析兩岸，點評高度政治性的《反滲透法》。

16 深耕媒體代言高教

我擔任校長期間始終與媒體保持良好的關係，只要媒體希望採訪的議題，我都會盡量提供務實中肯的意見；例如二〇二〇年一月二十四日是除夕，上班日到二十二日，剛好因為爆發某些學校因財務問題停發研究加給，公視《臺灣新眼界》擬就此議題做錄影訪問，原定錄影時間為一月二十一日下午四時，雖然會因此延誤原預定下午三時回臺中的高鐵票，我還是答應接受採訪。

媒體之所以如此熱切希望與我對話，希望我即時提供相關議題的意見或建議，分析其原因有兩項：一、個人身為一個高等知識分子，擔任校長職務長達二十一年，同時跨足高教及技職兩個體系，對大學校務行政非常熟悉。二、曾於二〇〇九年一月至二〇一〇年十二月擔任中華民國私立技專校院協進會理事長、教育部大陸地區學生來臺就學審議會委員及陸生聯合招生委員會常務委員，曾負責代表國家赴大陸與對岸洽談陸生來臺就讀事宜，對兩岸學子交流事宜熟稔，故媒體議題只要牽涉到高等教育、學雜費調整及陸生來臺等，在第一時間都會找我。

其次是因為我對每一次的訪問都會認真準備，針對每次的訪問，無論是報紙或電視，我都希望記者事先提出採訪大綱，針對每個問題先書寫成文字檔，並且仔細審閱，同時請同仁協助審視是否完整周詳，確認後才正式接受訪問。因為上報或上電視，都是代表學校的宣傳與公關，要呈現最好的內容與影像，讓實踐大學的形象深入讀者或觀眾，達到形象招生的媒體宣傳效果。

每次我在接受採訪與訪問均會嚴陣以待，以負責任的態度針對議題核心發言，並做成紀錄；同時與每位媒體朋友交換LINE，歡迎媒體朋友隨時有問題都可與我保持聯繫，事實上透過各種媒體即時採訪相關高教議題，確實有助益於學校整體形象的大幅提升。

二〇二〇年七月二十四日我接受《自由時報》林曉雲記者採訪時，特別總結出六項高教議題的評言，並直指教育部有五個「上司」：行政院、立法院教育小組、執政黨政黨團、執政黨智庫、公民團體和網路等，使原本是數學問題的學雜費鬆綁，成為難以解套的政治問題。

早在一九九四年一月五日通過新《大學法》，同年「四一〇教改」大遊行，要求落實小班小校，廣設高中與大學，推動教育現代化，制定《教育基本法》四大訴求，除《教育基本法》已於一九九九年頒布實施，其餘各項迄今也逐一落實。

然而廣設高中大學的結果，卻遇上二〇一六年起的少子化浪潮，迄今已有多所高中職及五所大專校院退場。這場少子化的風暴，將持續到二〇二八年，不只是學校要大量面臨退場，因為學校供過於求，學生水準大幅下降，教學品質嚴重低落，技職教育成效弱化，產學未能充分鏈結以及學用產生落差，在在考驗整個教育體系。

目前國小國中每班人數在三十人以下，每個人都可以唸高中大學，舊的訴求雖然解決了，但是新的挑戰，卻接踵而來，包括國際化、少子化、高齡化、數位化、性別平等、智慧化以及環境變遷等，對教育的結構、內容及方式都產生巨大的衝擊，必須不斷地更新與因應。

大學未能自主，私校不能因應市場變化自主調整學雜費，致使辦學日益艱難，加上大學評鑑、校務獎補助款等的指標要求一致性高，無形中限制學校的特色發展。臺灣面臨少子化，要補充生源必須國際化，陸生因現階段政治因素影響幾乎中斷，使臺灣少子化雪上加霜。

總之，教育改革已進行二十六年，「是屬於永遠的進行式」，少子化風暴讓臺灣的大學重新洗牌，各校若能及時調整體質，大幅提升國際競爭力，才能爭取永續發展的機會。

17 奉獻高教無怨無悔

我是虔誠天主教徒，始終秉持著「左手做的事，不要讓右手知道」的教誨，用良心做事，用真心誠意待人是我做人處世的原則，勤懇謙遜，以宗教情懷，貢獻一己之力，關懷社會。擔任天主教博愛基金會志工組總監十三年、董事長六年，訓練全省天主教志工達千人，服務於社會各角落，在擔任靜宜大學校長、嶺東科技大學校長以及實踐大學校長任內，均積極推動校務國際化與學生服務學習，卓有績效。

二〇〇二年四月訪問中南美洲，獲頒宏都拉斯天主教大學榮譽教授。二〇一三年十月五日我曾奉教育部指派參加「臺紐大學校長論壇」，訪問紐西蘭八所公立大學，促進臺紐高教之交流與合作。

二〇〇五年九月擔任教育部歐洲文化創意考察團團長，訪問英、法、比、荷四國，為教育部發展文化創意政策提供建言。二〇〇六年七月擔任團長率領中華臺北代表隊至斯洛維尼亞參加世界大學桌球錦標賽，獲得佳績。

二〇〇九年三月奉教育部指派參加印度高等教育機構訪問團，協助打開印度承認臺灣各大學學歷之門。二〇〇九年五月訪問布吉納法索、象牙海岸、塞內加爾及甘比亞，並募款給予布、甘兩國學生獎學金，到嶺東科技大學完成碩士學位。二〇一一年十一月奉外交部指派參加南非及史瓦濟蘭考察團，促進我國與非洲友邦之關係。

二〇一四年九月經外交部介紹招收史瓦濟蘭王國（今史瓦帝尼）班柯希王子來臺就讀實踐國際企業英語學位學程。二〇一八年六月六日畢業典禮國王恩史瓦帝三世率同王妃家人來國父紀念館參加，我頒發榮譽博士學位給他，表彰其治國績效，及每年在國際場合為臺發聲，積極鞏固兩國邦誼。班柯希王子繼續就讀碩士班已於二〇二〇年六月畢業。

二〇二〇年的高教深耕計畫增列高教公共性的共同指標，強調高教「公共化」，以及原住民學生的輔導照顧、資訊的公開與透明。上述目標以前教育部是採用行政命令的方式作要求，現在則改用競爭型計畫來實施。各大學的指標必須朝向「量少質精」的方向改變，「不再強調辦多少活動，而是強調活動所帶來的效果和影響。」

在私立學校治理的面向，包括明訂董事會成員任期及改選比例，以及三親等內血姻親任一級行政主管均有規範，來彰顯私校辦學的公共化。同時注重學生及教師的各種參與及權益，以經費誘導學校「提升高教公共化」，這些要求，可符合社會民間團體的期望，但對大學本身而言，「有些項目不免有違反大學自主的疑慮。」

我對推動教育國際化與國際外交事務，始終不遺餘力，先後走過世界七十餘國家及地區，並與世界各國及中國大陸地區各大學簽訂姊妹校數超過數百所，近四十餘年來，對推動教育國際化以及拓展國際外交事務的心得與貢獻，均得力於高中與大學時代母校的教誨與後續學校教育工作的歷練。

我因為從小受洗為虔誠天主教徒，習慣「用生命與良心做事，真誠待人」。自合興國小擔任六年班長起至今，一直擔任行政主管，充滿永不止息的熱忱，先後擔任校長在國內二十一年、美國六年，共計二十七年，可稱自己已然是終身的教育志工。

一路走來背負無數的十字架，才能挺過諸多的艱難與誤解，我在內心深處，始終堅信能夠審判我的是「上帝」，不是一般人包括上司與同事，除了發揮堅韌耐心與充分溝通協調外，待人處世皆秉持良心與高道德標準，因此數十年在各個不同工作崗位上，從未發生過任何弊端。在服務態度方面，從不畏懼艱難，直到退休，亦甘之如飴，當然也無怨無悔。

第十篇

教育志工　終身志業

——重視品格，永遠的教育人

1 投入社區服務活動

一九九三年七月至一九九九年六月期間，我先後擔任實踐設計管理學院教務長、研發室主任以及實踐大學副校長，曾以中華民國社區發展協會祕書長身分，在謝孟雄理事長領導下，於一九九六年三月籌辦「第一屆全國社區總體營造博覽會」，在臺北松山機場隆重舉辦，李登輝總統親臨致詞。此後陸續舉辦多次關懷社區青少年與家庭教育研討會，並出版《愛家手冊》以及研討會實錄等，社區服務績效卓著。

一九九五年一月至一九九八年十二月擔任中華民國社區發展協會祕書長任內，積極推動系列社區發展與社區教育文化活動，並出版優良圖書與多種文宣刊物，提倡社區服務風氣。

一九九五至一九九七年度擔任「臺北市大直社區發展協會」監事，《大直報導》發行人，每月發行一萬份，積極結合社區人力與財力資源，進行各項社區總體營造活動。

2 選任青芯志工首長

一九九六年七月二十一日，我在國立國父紀念館，親自主持「中華民國青芯志工服務協會成立大會暨關懷青少年青春休閒博覽會」開幕，馬英九委員、林澄枝主任、吳伯雄總統府祕書長等黨政要員，均蒞臨致詞勉勵。

中華民國青芯志工服務協會成立宗旨，依法設立、非以營利為目的之社會團體，以互助、關懷、服務為工作理念，並以互助技巧增進單親家庭生活知能，以關懷精神健全單親家庭成員身心發展，以服務理念建立祥和社會為宗旨。

該會服務對象與任務目標，包括充分利用及結合社區資源，達到創會宗旨。辦理單親家庭家長就業培訓及教育訓練活動、社區型單親家庭親子益智休閒活動及生涯輔導活動、老人福利服務活動、有關促進社區營造和社區發展以及祥和社會發展之活動、政府有關單位委辦之學術活動與公益服務活動以及辦理單親家庭志工聯誼活動、出版品刊物發行等。

一九九六年九月一日，在行政院青輔會指導下，被全體會員推選順利創立

「中華民國青芯志工服務協會」，並擔任首屆創會理事長。兩年任期間，大力推展全國青少年休閒輔導志工培訓營隊，超過五百餘人次；推展各縣市社區青少年正當休閒系列活動超過百餘場次。

一九九六年十月十日，由行政院青輔會指導，專門從事輔導青年健康休閒活動的刊物《青芯會訊》創刊，全臺各縣市陸續成立二十五支社區志工服務隊，平均一年策辦上百場的關懷青少年、婦女、老人社區服務活動。我擔任理事長期間，全臺南、北以及金馬離島走透透。

3 推廣正當休閒活動

一九九六年十一月二十六日，我榮獲行政院青輔會青年服務獎章，因為當時利用春假與暑假期間，前後兩年間策辦「全國少年休閒廣場」、「青春EQ親子休閒座談會」、「社區青少年勁舞大賽」、「社區青少年休閒嘉年華」、「全國暑假少年街休閒活動廣場」、「青芯杯社區青少年熱舞大賽」、「全國社區青少年母親節愛的真言徵選」等上百場關懷青少年休閒活動，計有三萬餘青少年熱烈參與。

此外，於全國北、中、南及金馬離島策辦數十場次「社區青年志願服務認知訓練」、「全國青芯志工分區聯繫會報」以及出版《社區青年志願服務工作手冊》五千冊等。

一九九六年七月至一九九八年七月，我擔任中華民國青芯志工服務協會創會理事長期間，亦同時擔任行政院青輔會諮詢委員，在全省各縣市與金馬離島社區舉辦推廣青少年志願服務講座，一九九七年一月榮獲行政院青輔會頒發三等青年服務勳章，一九九七年十一月榮獲教育部頒贈三等教育文化獎章。服務期間對當時國內志工服務風氣提升，助益良多。

一九九八年五月至二〇〇一年十二月，擔任中華民國青芯志工服務協會榮譽理事長期間，隆重出版發行《社區青少年休閒生活手冊》前後再版五次，共計發行二萬五千本，贈送給全國各級學校社團及社區圖書室，嘉惠成千上萬的社區青少年。三年後，二〇〇一年一月四日中華民國成為全世界第七個通過《志願服務法》的國家。

4 積極參加愛心服務

我長期關懷地球生態，二〇〇一年十一月十二日曾頒贈榮譽博士學位予國際知名黑猩猩生態保護研究學家珍古德博士，表彰其對地球生態保護的貢獻。在擔任靜宜大學校長期間，創辦「愛心狗園」，收養流浪狗，鼓勵學生認養，宣導正確愛護動物觀念。二〇〇二至二〇〇四年擔任二屆臺中市瑪利亞社會福利基金會董事，二〇一〇年擔任天主教博愛基金會董事長，長期熱心投入社區關懷，照顧偏鄉弱勢族群。

我自幼熱心參與天主教各種善會活動，任職實踐大學教務長時期，即成立「實踐基信團」。並於一九九四至一九九七年擔任「實踐基信團」社團指導老師，出錢出力積極輔導大學生定期從事臺北土城少年觀護所少年成長營輔導活動，以及定期探訪聖安娜之家進行服務工作，服務成效優異。一九九五至一九九七年擔任天主教臺北總教區大專教職員協會會長，極力從事教化人心與各項社會公益活動。

「一九九三學生愛心大行動」藝人陳淑麗號召千名青年進行街頭募款，係由我指導中華民國青芯志工服務協會聯合「聯合勸募協會」雙方密切合作下，共同策辦全國首屆「街頭勸募活動」，同時引進香港專用的街頭勸募袋，共計臺北、臺中、臺南三個直轄市，一百二十支在學學生志工組隊響應，走上街頭向陌生路人進行愛心勸募，共計勸募一百二十餘萬元，交由協會作為年度愛心服務補助經費，該活動對提升愛心勸募風氣，助益良多。

一九九八年，在臺灣發起並全省走透透募款新臺幣三千萬元，共同創辦「財團法人天主教博愛基金會」，並擔任常務董事、董事長（六年）兼志工組總監，在臺灣偏遠地區及泰北、巴西、阿根廷、蒙古、菲律賓等國創立四十六個弱勢兒童關懷站，並為全臺天主教啟智中心募款，照顧無數弱勢兒童及少年。二〇〇〇年九月，曾赴梵蒂岡參加「全球天主教大學教授及校長會議」，增進我國與教廷關係，被列入《中華民國二〇〇〇年外交年鑑》事蹟。

二〇一二年二月十七日，出席實踐基信少年成長團第四十五屆土城少觀所成長營結訓致詞。十月十三日，參加天主教博愛基金會第十屆志工大會師並演講。二〇一四年七月三日，參加公益平臺嚴長壽董事長主辦「偏鄉青年媒體設計營」開幕活動。

5 宗教情操信守終身

一九九八至二〇〇二年我擔任「臺灣天主教教友傳教協進會」主席，對福傳策略與經院哲學有深入研究，於二〇〇三年榮獲頒教廷聖西爾維斯特爵士，二〇〇七年榮獲頒梵蒂岡宗座聖多瑪斯研究院院士。

天主教臺北總教區（拉丁文為：Archidioecesis Taipehensis）為天主教會在臺灣北部設置的教區，也是臺灣地區兩個總教區之一，成立於一九五二年，涵蓋範圍包括臺北市、新北市、基隆市、宜蘭縣市等地。現任臺北總主教為鍾安住總主教。

天主教重視身心靈上的全方位服務。讓天主教信仰中「天主是愛」的精神，廣被民眾所看見、所體會，也本著耶穌教導為最小弟兄服務的基督精神，活出聖言，活出愛；在臺灣這片天主所鍾愛的自由土地上，牧養天主的小羊，同歸一牧一棧。

根據教廷年鑑，教會有五種類別的爵士，分別是：基督最高爵士Supreme Order of Christ（教宗若望二十二世於一三一九年所創）、聖大額我略爵士Order of St. Gregory the Great（教宗額我略十六世於一八三一年所創）、聖希爾維斯特爵士Order of Pope St. Sylvester（教宗國瑞十六世於一八四一年所創）、碧岳爵士Order of Pius（教宗碧岳九世於一八四七年所創）以及金馬刺爵士Order of the Golden Spur（教宗碧岳十世一九〇五年所創）。

「爵士」是天主教教宗頒賜教友的榮銜，上述五項榮銜，均以肯定對教會及工作領域有傑出貢獻的教友，也激勵信眾追求公義和真理。在特別的情況下，爵士亦可頒予少數教外人士。臺灣地區累計有四十人獲頒此榮銜，輔仁大學前校長黎建球更是臺灣獲得第一項殊榮的大學校長。

二〇一四年一月十八日在天主教博愛基金會召開吳憶樺返臺記者會。二〇一八年六月二十二日我於《中國時報》接受記者採訪，特別建言蔡英文總統應赴梵訪問教宗，以鞏固臺梵邦交。由於當時中梵往來熱絡，教宗方濟各對改善梵蒂岡和北京的關係表示樂觀，並拒絕接受所謂教宗可能與大陸建交，因此特別提出以下中肯建議。

一則因為我具有梵蒂岡宗座聖多瑪斯研究院院士的身分，深入瞭解臺梵關係。二則呼籲教廷可安排教宗方濟各訪臺，並策封一位臺灣主教擔任樞機主教，以表示重視臺灣，而且在他來訪時才有樞機主教歡迎他；另也期望總統蔡英文仿照馬前總統，利用教廷適當時機安排前去訪問教宗，也可組團晉見教宗，積極促進並鞏固臺梵邦交。

至於中梵可能建交一說，已經傳言了七十多年，自二〇一八年開春以來，這項傳聞幾近逼真所引發的疑慮，後經證實，梵中雙邊只談及教務，尚未涉及政治或建交。

長期以來臺灣天主教會幾位重量級的神長對臺梵邦交的維繫，厥功甚偉，例如：田耕莘樞機主教於一九四六年爭取教廷批准我國正式成立聖統制；于斌樞機主教於一九四二年促成我國與教廷建交；羅光總主教於一九四三年至一九六一年擔任中華民國駐教廷大使館的宗教顧問；單國璽樞機主教每次到羅馬述職，總能適時替臺灣發聲等。此外，前副總統陳建仁也是位虔誠天主教徒，數次代表蔡英文總統赴教廷晉見教宗，對鞏固臺梵邦誼亦卓有貢獻。

6　參與品盟推展德育

臺灣從二〇〇三年，先後歷經臺灣與世界政治經濟弊案連續風暴，各級學校積極推動品格教育，加上社會各界對於品格的重視已有共識。同年《天下雜誌》即出版《品格決勝負》，強調「品格力就是國力」。

三年後，二〇〇六年《親子天下》又隆重出版《教出品格力》專刊，提供全國老師、家長可以實踐品格教育的準則。

二〇〇六年我多次代表教育學者，參與民間公益組織「品格教育推展行動聯盟」的發起與籌備活動，亦先後參與相關研討會以及發表系列文章，包括二〇〇七年發行《品格教育的蝴蝶效應》、二〇一〇年《落實品格教育：從「核心價值」談起》、二〇一二年《品格教育由知到行》專刊等，接力式大聲疾呼當前臺灣最重要的課題即是「品格教育」，可以說是呼應了國際「公民行動教育方案」的世界潮流。

近年來，歐美先進國家亦極力提倡的所謂「企業社會責任」（Corporate Social Responsibility, CSR），也可稱作「企業良心」，指的是企業在遵守倫理與品格自律的原則之下，重視股東權益、勞動者人權、供貨商管理、消費者權益、環保影響、社區參與、財務訊息披露，以及對利害關係人的責任等。

換個角度來說，「企業良心」是企業成長和產業發展的一個規範，更是企業永續經營的願景與藍圖，它可以引導企業正確的經營方位、發展軌跡以及企業的終極目標。而「品格自律」不僅適用於商業行為的各個層面，同時也規範有關個人和整個企業組織的營運行為。

7 奉獻教育重視品格

二〇一二年十一月六日，我於「品格聯盟」研討會發表〈「正義」的人文內涵〉。二〇一四年十二月四日接受《遠見雜誌》專訪〈大學生一定要做的事〉。二〇一四年十二月十日參與「品格聯盟」發起人，並於研討會發表〈我們深信品格與法治教育的影響力〉。二〇一七年七月二十八日出席品盟舉辦「品格法治教育談食安問題」座談會。二〇一八年一月十九日出席臺大校友會館「品格聯盟」研討會，發表〈「食品安全」急需「品格自律」來把關〉。

學者專家喜歡用不同角度來詮釋「成就品格」與「道德品格」，並以具備八項優勢能力來定義，以提供個人一生追求生命的願景，這八項特質包括：終身學習與批判思考者、勤奮又有能力的表現者、處世圓融及具備情緒管理能力者、德行的深思者、尊重及負責任的道德實踐者、自律及追求健全生活方式者、對社區和民主發展有所貢獻者，以及追尋人生高貴目標的靈性者。

所謂「成就品格」，是指能幫助一個人在學校、職場及未來生涯發展，發揮最大的潛能，以及邁向卓越所需要的特質與能力。所謂「道德品格」，是指能幫助一個人與他人建立正直、良善與關愛的關係，在民主社會中負起公民責任的特質與能力。

而所謂「德行學習社群」，就是指環境中的教職員、學生、家長及校外社群，大家可以攜手合作，一起活出「成就品格」與「道德品格」。這種善性化的教育環境，確實充分彰顯出品格教育必須由內涵到外塑的自我實踐特質。

然而，校園法治教育的主要目的，不只是要教學生應遵守法律規定，以及違法時所應負起的法律責任，更重要的是要讓學生知道：不論是《刑法》的規定或《民法》的規定，都是在處理人與人之間的關係，都是為了保障每個人的自由與權利，而去規範人與人間的行為準則與相互間的權利義務，並以每個人的人權能得到最大程度的保障為理想。

因此，校園法治教育的主體內涵，其實就是人權教育與生活教育，而人權教育的具體實踐，就是在校園中建立起對每個人（包括：校長、老師、學生、家長及其他人員）都友善的校園環境的一環。

實踐大學揭櫫「力行實踐，修齊治平」的辦學理念，因此學校以「實踐」命名。而取名「實踐」，除在闡揚王陽明先生所提倡的「知行合一」的精神，亦強調「即知即行」的現代生活哲學。

學校辦學強調教導學生注重手腦並用，時時刻刻都能將創意化為實踐，並由實踐而產生智慧才能，藉智慧才能而發揮道德力量，最後成就非凡事業，造福社會人群，進而實踐世界大同的理想。總之，就「正義」的人文內涵而言，亦與實踐大學的辦學理念與創校理想相互契合。

8 殫精竭慮貢獻智慧

二〇一三年三月十八日，我於《聯合報》「民意論壇」發表〈祝賀梵蒂岡選出第二六六任教宗方濟各〉。八月一日於《高教技職簡訊》發表〈兩岸高校實施雙聯學制啟事〉。二〇一四年四月六日針對太陽花學運透過《中央通訊社》許秩維發表聲明：「解決服貿僵局，大學校長盼尋共識」。二〇一五年一月一日於《獨立作家》出版發行《大學倒了沒？——大學教育和教授的未來》。

二〇一六年八月十九日於《中國時報》第A10版時論廣場發表〈大學未來何去何從〉。九月十九日於《中國時報》第A10版時論廣場發表〈大學新南向〉。十二月三日接受《工商時報》記者李書良採訪〈職場達人—實踐大學校長陳振貴育才力推兩岸產學合作〉。十二月十五日接受《Cheers雜誌》專訪。

二〇一七年十一月六日於國家政策研究基金會發表〈國內高等教育面臨少子化的四大衝擊〉。十一月六日於《中國時報》第A14版時論廣場發表〈大學要打國際盃〉。

二〇一八年一月十五日，我於《評鑑雙月刊》第七十一期接受陳曼玲專訪刊載〈實踐大學校長陳振貴：境外招生若失利大學倒一半〉。四月十四日接受《旺報》記者簡立欣採訪〈臺灣教育史上首遭 實踐大學校長陳振貴：教長為大學校長人事辭職〉。五月一日榮獲臺中一中學術成就類傑出校友獎。十二月二十日接受《旺報》記者簡立欣採訪〈韓國瑜善用在地人才 實踐大學校長：就地取材〉。

二〇一九年一月十日，我接受《旺報》記者簡立欣採訪〈倡議大學學費自主 教育部廢除審核機制〉。一月十二日接受《臺灣中評網》記者林谷隆採訪〈實踐大學校長：藍贏15縣市盼陸生回流〉。三月十七日接受《聯合報》記者林良齊採訪〈大學辦跨國學位 臺生比合作校數還少〉。三月十八日接受《聯合報》記者林良齊採訪〈教育現場／大學雙聯學位臺生不到六百人〉。六月三日接受《聯合報》記者馮靖惠採訪〈遇選舉年 實踐校長：十二所私大都不申請調漲學雜費〉。七月一日接受《遠見雜誌》記者白育綸採訪〈實踐縮短學用落差 力拚設計專業接軌實務〉。七月八日參加中山大學舉辦「二〇一九年第二屆臺菲校長論壇」。七月三十日接受《聯合報》記者馮靖惠採訪〈陸高校高

薪挖臺師 實踐校長：招聘函直指臺灣大學痛點〉。八月二十九日接受《聯合報》記者馮靖惠採訪〈大陸銀彈攻勢搶僑生 臺灣不再是唯一選擇〉。九月二十三日接受《聯合報》記者馮靖惠採訪〈私立高中職學費十四年首次調漲 私大校長怨不公平〉。十一月四日接受《聯合報》記者馮靖惠採訪〈陸提對臺二十六條「宣示性強」大學校長籲：臺生要張大眼睛〉。

二〇二〇年一月三日，接受《聯合報》記者馮靖惠採訪〈新版高教深耕增私校治理 私大：有違反大學自主疑慮〉。二月七日接見QS世界排名亞洲經理Engo Kuo，接受《八大電影》記者黃郁庭採訪。二月十日接受《聯合報》記者馮靖惠採訪〈港澳生不能來了！大學校長嘆「做白工」：像在洗三溫暖〉。當天同時接受公視記者曹晏郡等十家媒體記者採訪。二月十一日教育部宣布港澳生暫緩來臺接受華視林仙怡及臺視記者陸穎逸採訪。二月十九日接受TVBS記者蔣志偉採訪。二月十六日接受《聯合報》記者馮靖惠採訪〈陸港澳生禁來臺 線上教學不漏課〉。二月十九日接受《中評社》記者洪德諭專訪。二月二十二日接受《中國時報》記者簡立欣採訪〈臺校可招收應屆畢業在臺陸生〉。二月二十八日接受《聯合報》記者陳宛茜採訪〈十二校4621名

陸港澳生 優久大學聯盟共提安心就學措施〉。三月二日接受《自由時報》記者吳柏軒專訪〈別再寄望招收中生 籲教育部規劃公私立同步減招 召開高教少子女化國是會議〉。三月十五日接受《聯合報》記者章凱閎採訪〈未入境陸港澳生只繳學分費 私大財務受衝擊〉。四月十五日接受《中評社》記者倪鴻祥採訪〈陳振貴語中評：無九二共識陸生歸零〉。四月二十六日接受《聯合報》記者章凱閎採訪〈港澳生來不了 大學喊紓困配套〉，同日接受《中評社》記者倪鴻祥採訪。四月二十八日接受香港鳳凰衛視記者盧冠妃等數家記者採訪。

9 教育志工終身服務

我從青年時期開始，就以「作育英才」為終身職志，先後任職於國內外大學校長及高等教育許多重要決策制定與推動委員會委員及基金會等重要職務。二〇〇九至二〇一〇年兼任中華民國私立技專校院協進會理事長，此期間躬逢其盛，於二〇〇九年九月八日至廈門參加第十三屆投洽會兩岸教育交流會議，洽談陸生來臺研修事宜，二〇一〇年四月七日參加海峽兩岸高教代表團於北京教育部舉行臺灣招收大陸學位生洽談會，同時帶領嶺東由技術學院成功改名為科技大學，並爭取獲得教學卓越計畫獎補助款。

此外，我自二〇一一年八月起擔任實踐大學校長，在整整落後八年之後，於二〇一三年爭取獲得教學卓越計畫獎補助款，也由二〇一二年的五千八百萬至二〇一五年後每年增加到一億多，同時完成校務及系所專業評鑑，獲得全數通過，設計學院也被QS在藝術（設計）領域排名全世界一〇一至一五〇名，使該校整體校譽獲得大幅提升。

擔任大學校長，首要任務須瞭解自己在該校發展史中的角色與地位，再投入精力完成階段性任務，即可下臺一鞠躬。每個學校的體質與校風不同，使命也不一樣，須仰賴大學校長的睿智與團隊共識，一起努力方能克竟全功。

總之，我服務國內外高等教育職場，前後長達近半個世紀，始終保持樂觀進取與盡力而為的人生觀。因此無論是在大學校長的職位，或是其他社會服務的工作崗位上，都會踏穩立足點，以身作則帶領部屬，而且一定全力以赴，尤其是面對當前少子化大環境與所處的內外在競爭激烈的時刻，唯有洞悉「大學治理」的問題癥結，同時能夠敏捷提出有效的解決方案，才足以應付當前經營之困局。

附錄

簡歷

大漢技術學院客座教授
實踐大學前校長
陳振貴博士
Michael J. K. Chen, Ed.D.
E-mail: jkchen@g2.usc.edu.tw

現職／兼職

大漢技術學院客座教授
社團法人臺灣評鑑協會理事
財團法人高等教育評鑑中心評鑑委員
財團法人天主教博愛基金會監察人
教育部一〇八至一〇九學年度專科以上學校型態實驗教育審議會委員

學歷

一九九一年七月美國佛羅里達諾瓦大學高等教育研究所教育學博士
一九七七年五月美國麻省史密斯學院美國研究所畢業
一九七四年六月淡江文理學院美國研究所文學碩士
一九七一年六月成功大學外國語文學系文學士

經歷／大事紀要

二〇二〇年七月二十三日謝孟雄董事長主持陳振貴與丁斌首校長交接典禮

二〇二〇年六月十三日主持實踐大學畢業典禮（校本部）

二〇一九年九月十九日與內湖科技園區發展協會簽訂合作協議書

二〇一八年三月二十四日主持實踐大學六十週年校慶慶祝大會

二〇一六年五月二十四日參與「優久聯盟」成立大會

二〇一五年二月二十八日率領實踐大學管理學院師生首屆赴上海實習

二〇一五年一月一日出版《大學倒了沒？——大學教育和教授的未來》

二〇一五年八月二十五至二十六日赴墨西哥瓜達露貝朝聖

二〇一四年二月十一日與郝龍斌市長共同主持內湖親子館暨托嬰中心開幕典禮

二〇一三年十月五日參加教育部「二〇一三臺紐高教論壇」，訪問八所紐西蘭公立大學

二〇一三年八月二十一日至法國露德朝聖

二〇一一年八月至二〇二〇年七月擔任實踐大學校長

二〇一一年十一月六日參加教育部高教代表團訪問史瓦濟蘭王國及南非共和國
二〇一〇年四月七至八日參與海峽兩岸高教代表團於北京教育部舉行臺灣招收大陸學位生洽談
二〇〇九年九月八日至廈門參加第十三屆投洽會兩岸教育交流會議，洽談陸生來臺研修事宜
二〇〇九年五月九至二十二日訪問非洲布吉納法索、象牙海岸、塞內加爾、甘比亞四國
二〇〇九年三月二十二至二十九日參加教育部「印度高教訪問團」
二〇〇七年二月二十日赴葡萄牙法蒂瑪朝聖
二〇〇六年十月二十八日捐贈中國歷代古錢幣四千餘件成立「嶺東錢幣博物館」
二〇〇五年十月十三日完成攀登玉山登頂紀錄
二〇〇五年八月至二〇一一年七月擔任嶺東科技大學教授、校長
二〇〇四年六月九日參加教育部「二〇〇四年度俄羅斯高等技職教育考察團」
二〇〇二年八月至二〇〇五年七月擔任嶺東技術學院教授、校長

二〇〇〇年九月四至八日出席羅馬世界天主教大學教授會議
一九九九年七月至二〇〇二年七月擔任靜宜大學教授、校長
一九九七年九月撰述〈天主教福傳白皮書〉，共同創立「財團法人天主教博愛基金會」
一九九六年七月至一九九八年七月中華民國青芯志工服務協會創會理事長
一九九五至一九九八年中華民國社區發展協會祕書長
一九九五至一九九八年行政院青輔會諮詢委員
一九九三年七月至一九九九年六月實踐大學副校長、教務長、研發室主任
一九八九年十月至一九九二年七月美國洛杉磯Ups Realty Inc. & Rosemead Financial Inc.總經理
一九八八年九月至一九九〇年八月美國洛杉磯諾斯洛普大學（Northrop University）企研所兼任教授
一九八七年七月至一九九三年六月美國鳴遠中文學校暨鳴遠學院創辦人、校長
一九八五年二月至一九八七年七月實踐家政經濟專科學校教授、教務主任、推廣中心副主任

一九八二年二月至一九八五年一月美國洛杉磯Wholepack科學儀器公司經理

一九八一年八月至一九八二年五月美國加州巴沙迪納社區學院（Pasadena City College）交換教授

一九七八年九月至一九八一年七月實踐家政專科學校副教授、夜教務組長、語言中心主任

一九七三年八月至一九七六年六月淡江文理學院助教、區域研究室助理研究員

榮譽

二〇一八年五月臺中一中學術成就類傑出校友

二〇一七年十一月印度國際管理科學榮譽院士

二〇一六年十一月第三十屆淡江大學淡江菁英金鷹獎

二〇一二年十一月成功大學校友傑出成就獎

二〇〇七年二月梵蒂岡宗座聖多瑪斯研究院院士

二〇〇五年九月中華民國私立教育事業協會傑出教師弘道獎

二〇〇三年十月教廷聖西爾維斯特爵士

二〇〇二年四月宏都拉斯天主教大學榮譽教授

一九九七年十一月教育部三等教育文化獎

一九九七年一月行政院青輔會三等青年服務勳章

一九九三年六月美國加州州務卿頒榮譽親善大使

研究專長

高等暨技職教育行政與管理

高教評鑑

教育與宗教哲學

證照

ISO 9000驗證教育領域技術專家執照

中華民國教授證書
美國加州社區學院教師證書

著作／研究計畫主持人

《從泥土中站起來 番薯王成為大學校長——陳振貴的實踐之路》（臺北市：獨立作家，二〇二一年一月）
《大學倒了沒？——大學教育和教授的未來》（臺北市：獨立作家，二〇一五年一月）
教育部獎勵私立大學校院校務發展計畫（二〇一一年至二〇二〇年）
教學卓越計畫（二〇一三年至二〇一七年）
樂齡大學計畫（二〇一七年至二〇二〇年）
新南向計畫——高教遠颺 結盟育才（二〇一七年至二〇二〇年）
高等教育深耕計畫（二〇一八年至二〇二〇年）

Do人物78　PE0184

從泥土中站起來
番薯王成為大學校長
——陳振貴的實踐之路

作　　者／陳振貴
策　　劃／錢中媛
文字編輯／王雯珊
責任編輯／姚芳慈
圖文排版／蔡忠翰
封面設計／蔡瑋筠

出版策劃／獨立作家
發 行 人／宋政坤
法律顧問／毛國樑　律師
製作發行／秀威資訊科技股份有限公司
地址：114 台北市內湖區瑞光路76巷65號1樓
電話：+886-2-2796-3638　傳真：+886-2-2796-1377
服務信箱：service@showwe.com.tw
展售門市／國家書店【松江門市】
地址：104 台北市中山區松江路209號1樓
電話：+886-2-2518-0207　傳真：+886-2-2518-0778
網路訂購／秀威網路書店：https://store.showwe.tw
國家網路書店：https://www.govbooks.com.tw

出版日期／2021年1月　BOD一版　**定價**／350元

獨立作家 Independent Author　**寫自己的故事，唱自己的歌**

從泥土中站起來 番薯王成為大學校長：陳振貴的
實踐之路 / 陳振貴著. -- 一版. -- 臺北市：獨立
作家, 2021.01
面；　公分. -- (Do人物；78)
BOD版
ISBN 978-986-99368-2-8(平裝)

1.陳振貴 2.臺灣傳記

783.3886　　109017048

國家圖書館出版品預行編目

讀者回函卡

感謝您購買本書，為提升服務品質，請填妥以下資料，將讀者回函卡直接寄回或傳真本公司，收到您的寶貴意見後，我們會收藏記錄及檢討，謝謝！

如您需要了解本公司最新出版書目、購書優惠或企劃活動，歡迎您上網查詢或下載相關資料：http:// www.showwe.com.tw

您購買的書名：________________________________

出生日期：________年________月________日

學歷：□高中（含）以下　□大專　□研究所（含）以上

職業：□製造業　□金融業　□資訊業　□軍警　□傳播業　□自由業

□服務業　□公務員　□教職　□學生　□家管　□其它_____

購書地點：□網路書店　□實體書店　□書展　□郵購　□贈閱　□其他

您從何得知本書的消息？

□網路書店　□實體書店　□網路搜尋　□電子報　□書訊　□雜誌

□傳播媒體　□親友推薦　□網站推薦　□部落格　□其他__________

您對本書的評價：（請填代號　1.非常滿意　2.滿意　3.尚可　4.再改進）

封面設計____　版面編排____　內容____　文／譯筆____　價格____

讀完書後您覺得：

□很有收穫　□有收穫　□收穫不多　□沒收穫

對我們的建議：________________________________

____

____

____

請貼
郵票

11466
台北市內湖區瑞光路 76 巷 65 號 1 樓
獨立作家讀者服務部 收

（請沿線對折寄回，謝謝！）

姓　　名：＿＿＿＿＿＿＿＿　年齡：＿＿＿＿　性別：□女　□男

郵遞區號：□□□□□

地　　址：＿＿＿＿＿＿＿＿＿＿＿＿＿＿＿＿＿＿＿＿

聯絡電話：(日)＿＿＿＿＿＿＿＿＿＿(夜)＿＿＿＿＿＿＿＿＿＿

E-mail：＿＿＿＿＿＿＿＿＿＿＿＿＿＿＿＿＿＿＿＿